문헌학자의 현대 한국 답사기 1

문헌학자의 ─── 답사기

현대
한국 1

남겨진 것과
사라져 가는 것에 대한
기억록

북트리거

김시덕

대서울의 경계를 넘어 한국으로

저는 전국을 두루 답사하는 사람입니다. 특히 옛날 지배계급의 문화유산이 아닌, 우리 민주공화국 시민들이 살아온 흔적들을 기록하려 애쓰고 있습니다. 그와 동시에 전국 곳곳에서 빠르게 진행되는 변화를 기록해 방송과 책, 기사 등으로 소개하는 데 마음을 써 왔습니다. 이러한 작업은 급변하는 1980년대 한국의 모습을 기록한 뿌리깊은나무 출판사 '한국의 발견' 시리즈의 취지를 이어받아, 그로부터 30여 년 뒤 한국에서 일어나고 있는 변화를 기록하겠다는 각오에서 비롯된 것입니다.

전국을 답사하고 기록하며 소개하는 작업을 관심 있게 봐 주는 동료 시민들은 종종 이런 질문을 건넵니다. "선생님은 답사할 때 어떤 부분에 주목하시나요?" 그런 질문을 받으면 저는 이렇게 대답합니다. "전부 다 봅니다." 과장이 아닙니다. 현장을 다닐 때, 저는 모든 감각을 열어 놓고 천천히 걸으면서 공간의 정보를 모두 흡수하겠다고 생각합니다.

물론 답사 대상 지역으로 가기 전에 기초적인 조사는 합니다. 문헌과 영상 자료도 찾고, 지도 애플리케이션의 위성사진과 로드 뷰도 살핍니다. 하지만 답사 현장에는 제가 알지 못했던 발견이 반드시 있습니다. '거기 가면 이런 걸 볼 수 있을 거야.'라고 사전에 기대하는 내용과 답사 현장에

두 발을 딛고서야 비로소 두 눈으로 확인할 수 있는 정보의 양을 비율로 따져 보자면 50 대 50 정도 됩니다.

이런 답사 방법은 그동안 제가 논문과 책을 쓸 때도 마찬가지로 실천해 온 방식입니다. 글 쓰는 사람에게는 각자의 스타일이 있습니다. 어떤 분은 글의 첫 문장부터 결론까지 완벽히 시나리오를 완성한 뒤에 글쓰기를 시작합니다. 한편 저는 대략의 얼개를 짠 뒤에 글쓰기를 시작하지만 뚜렷하게 결론을 정해 두지는 않습니다. 글쓰기에는 글쓰기 고유의 논리가 있어서, 글을 쓰다 보면 제가 예상한 방향과 다르게 나아가는 경우가 많기 때문입니다. 또 이렇게 결론을 열어 두고 써야, 글 쓰는 저 자신도 글을 완성할 때까지 흥미를 유지할 수 있기 때문입니다. 그렇게 글 쓰면서 익힌 방법을 답사에도 적용하고 있는 것이지요.

『문헌학자의 현대 한국 답사기』는 1·2권, 총 4부로 이뤄져 있습니다. 이 가운데 제1권 제1부는 답사 방법론에 대한 설명입니다. 대부분 내용은 2022년 한 해 동안 《고교독서평설》에 실은 글을 바탕으로 한 것입니다. '문헌학자의 도시 산책'이라는 연재물이었습니다. 독자분들의 연령대와 지역적 분포를 고려하고, 또 시험의 예상 지문이 될 수도 있다는 생각으로 썼기 때문에 비교적 평이할 터입니다.

제1권 제2부와 제2권 제1·2부에는 그간 전국 곳곳을 답사하면서 확인한 내용을 소개했습니다. 대전역 주변 상황에 대한 글은 이 책을 위해 새로 썼고, 나머지는 2019~2022년에 쓴 원고들을 수정해서 실은 것입니다. 2020~2022년 《한국일보》에 '김시덕의 이 길을 따라가며'라는 제목으로 연재한 원고가 주를 이루고, 여러 매체에 게재한 길고 짧은 글도 아울러 담았습니다.

장기간에 걸쳐 여러 매체에 실은 제 원고를 전부 챙겨 읽기가 힘들다는 목소리를 동료 시민들로부터 자주 접해 왔습니다. 아무쪼록 이번에 졸고를 한자리에 모았으니, 제가 무슨 생각을 하고 어디에 집중하면서 도시를 답사하는지 잘 이해해 줄 수 있을 터입니다.

이번에 새로이 쓰고 다듬고 엮어 세상에 내놓는 『문헌학자의 현대 한국 답사기 1·2』는 『서울 선언』(열린책들, 2018), 『갈등 도시』(열린책들, 2019), 『관악구 문화 예술 기초 자료집: 관악 동네 역사』(관악문화재단, 2021), 『대서울의 길』(열린책들, 2021), 『양천 동네 이야기』(양천문화재단, 2022), 『우리는 어디서 살아야 하는가』(포레스트북스, 2022)에 이은 일곱 번째 도시 답사책입니다. 물론 이 책 자체만으로도 완결되어 있지만, 여섯 권의 전작을 순서대로 읽은 뒤에 『문헌학자의 현대 한국 답사기 1·2』를 읽는다면 그 내용을 좀 더 잘 이해하실 수 있으리라고 생각합니다.

도시에 대해 출판한 여섯 권의 전작과 이 책의 가장 큰 차이는 서울과 경기도라는 도시지역에 관심을 두고 시작한 답사가 어느덧 전국 곳곳의 도시는 물론 농촌, 산촌, 어촌 지역에까지 이르러 일종의 문명론 탐구라는 성격을 띠게 되었다는 점입니다. 산촌과 어촌을 잠식하며 전통 시대의 최종 승자가 된 농촌을 다시 도시와 공업지대가 잠식하는 한국의 근대화 과정을 들여다보는 것이 요즘 제 주된 작업입니다.

2017년 여름에 도시 답사를 본격적으로 시작하기로 결심했을 때만 해도 제가 농촌 마을 어귀의 이장(里長) 공덕비를 읽고, 간척지의 제방 위를 걷고, 산길을 헤치며 화전민의 흔적을 찾게 될 줄은 꿈에도 몰랐습니다. '참 멀리까지 왔구나.'라는 감회를 답사 현장에서 자주 떠올립니다. 그 길의 끝에 무엇이 있을지가 정말로 궁금합니다.

이 책을 만들어 준 서동조·김지영 편집자를 비롯한 지학사 임직원 여러분, 이 책에 담은 글들을 실어 준 많은 매체의 관계자 여러분, 함께 전국을 누비고 있는 이승연·류기윤 선생님을 비롯한 답사 팀 멤버분들, 아내 장누리와 딸 김단비에게 감사의 말씀을 드립니다. 무엇보다도 제 활동을 변함없이 응원해 주시는 동료 시민 여러분, 감사합니다. 앞으로도 여러분을 믿고 나아가겠습니다.

2023년 가을,
김시덕

- 도판 번호는 장마다 1부터 새로 시작합니다.
- 도판은 왼쪽에서 오른쪽 순서로 봅니다.
- 도판이 많은 경우, 맨 윗줄에서 시작해 지그재그 방향으로 따라가며 보면 됩니다.

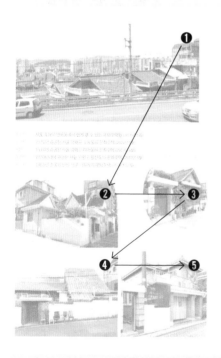

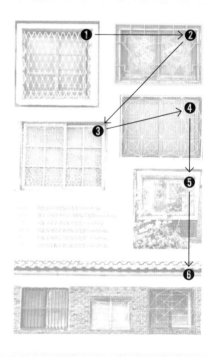

• 장 도입부의 **QR 코드**를 찍으면
주요 답사지를 구글 지도로
확인할 수 있습니다.

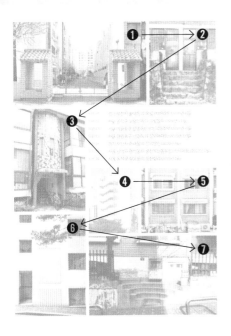

<u>01</u>

간판

: 일상에서 도시 읽기

도시 탐험의 시작은 간판으로

　'탐험'이라는 말을 들으면, 비행기나 배를 타고 며칠 혹은 수개월에 걸쳐 오랜 시간 멀리 떠나야 도착할 수 있는 외딴 지역에서나 할 수 있는 것으로 생각하실지 모릅니다. 시베리아 동쪽 끝의 외딴 도시 마가단이나 남극대륙이나 아마존 삼림처럼 탐험이라는 말이 어울리는 곳이 아직 있기는 하지만, 오늘날 지구상에 더 이상 발견되지 않은 오지(奧地)는 남아 있지 않지요.

　그렇다고 해서 '탐험'이라는 행위가 불가능한 것은 아닙니다. 세상을 바라보는 방법을 새로이 획득하면, 이제까지 일상적이던 공간이 탐험할 수 있는 미지의 영역으로 바뀝니다. 도시 답사는 그렇게 관점을 전환해 일상을 탐험의 공간으로 바꾸는 행위입니다.

11

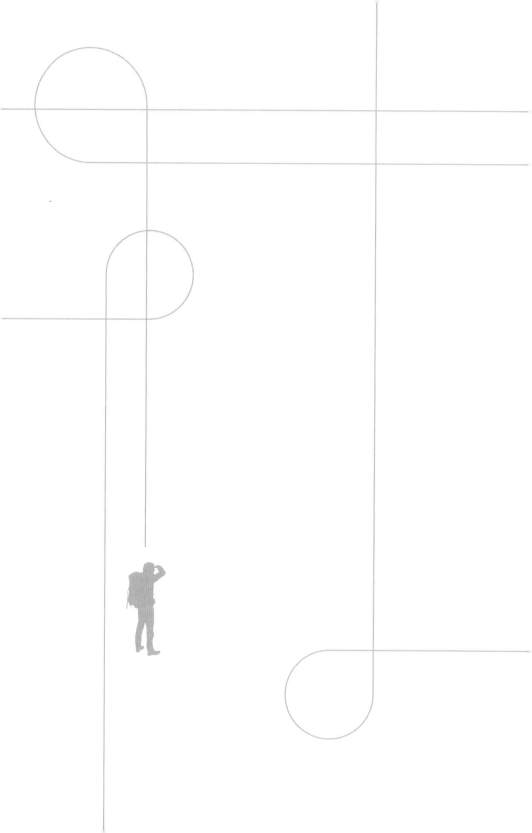

제1부

산책하며 발견하는 현대 한국

01

간판

: 일상에서 도시 읽기

도시 탐험의 시작은 간판으로

'탐험'이라는 말을 들으면, 비행기나 배를 타고 며칠 혹은 수개월에 걸쳐 오랜 시간 멀리 떠나야 도착할 수 있는 외딴 지역에서나 할 수 있는 것으로 생각하실지 모릅니다. 시베리아 동쪽 끝의 외딴 도시 마가단이나 남극대륙이나 아마존 삼림처럼 탐험이라는 말이 어울리는 곳이 아직 있기는 하지만, 오늘날 지구상에 더 이상 발견되지 않은 오지(奧地)는 남아 있지 않지요.

그렇다고 해서 '탐험'이라는 행위가 불가능한 것은 아닙니다. 세상을 바라보는 방법을 새로이 획득하면, 이제까지 일상적이던 공간이 탐험할 수 있는 미지의 영역으로 바뀝니다. 도시 답사는 그렇게 관점을 전환해 일상을 탐험의 공간으로 바꾸는 행위입니다.

여기서는 간판으로 도시 읽는 방법을 소개하려 합니다. 간판이라면 '○○세탁소', '○○마트', '○○부동산', '○○미용실', '○○이발소'처럼 여러분이 주변에서 흔히 보는 그런 것들을 말합니다. '평범한 간판들로 어떻게 도시를 탐험한다는 말인가?' 하고 생각하실지 모릅니다. 평범해 보이는 것을 새로운 관점에서 바라보고, 그리하여 세상을 새로이 읽기 시작하는 것이 제 도시 답사 방법입니다.

방금 저는 '세상을 읽는다[讀, read]'고 했습니다. 종이, 나무, 돌, 쇠 같은 물체에 적힌 글을 읽어 세계를 해석하는 문헌학(文獻學, philology)을 연구하는 저는 말 그대로 도시에 적힌 글자를 읽으며 세상을 풀이합니다. 옛 시대에 제작된 문헌을 발굴해 연구하는 것이 고고학(考古學, archeology)이라면 지금 시대의 문헌을 해석하는 행위는 고현학(考現學, modernology), 즉 현재를 고고학적으로 연구하는 일이라 할 수 있습니다.

20세기 초에 개발된 고현학을 이용해서 박태원이 조선의 경성을 기록한 것이 바로 『소설가 구보 씨의 일일』(문장사, 1938)과 『천변 풍경』(박문서관, 1938)입니다. 박태원처럼 여러분도 이제 말씀드릴 방법을 이용해 도시를 읽고 기록할 수 있습니다. 그 기록은 후세 사람들이 21세기 초 한국 도시를 이해할 수 있는 훌륭한 정보가 될 것입니다.

세탁소 간판

서울 마포구 공덕동에는 만리재라는 언덕이 있습니다. 이 언덕 위 마을에는 가죽·모피 세탁을 전문으로 한다고 내세운 세탁소가 자리하지요.

도판 1   삼우컴퓨터세탁/삼우콤퓨터세탁 (2019년 3월)

그 세탁소는 좌우로 두 개의 간판을 내걸었는데, 오른쪽에는 '삼우콤퓨터세탁'이라고 적혀 있습니다. 이 간판은 플라스틱 재질이며, 1980년대에 제작된 것으로 추정됩니다. 그런데 '삼우콤퓨터세탁' 간판의 왼쪽에는 '삼우컴퓨터세탁'이라는 다른 간판이 붙어 있습니다. '삼우콤퓨터세탁' 간판과 마찬가지로 플라스틱제이지만 재질의 상태나 폰트를 보면 좀 더 나중에 제작된 듯합니다.

세탁소 이름에는 '컴퓨터'나 '컴퓨터크리닝'이라는 말이 들어간 경우가 많습니다. 이것은 컴퓨터가 내장된 세탁기로 정확하게 세탁해 준다는 뜻입니다. 그런데 세탁소 이름에 이런 말을 넣는 나라는 세계적으로 거의 없는 것 같습니다. 한국에 처음 온 외국인이 '컴퓨터크리닝'이라는 간판을 보고는, 고장 난 컴퓨터를 청소하고 수리해 주는 곳이라 생각해서 자기 집 컴퓨터를 수리받으러 왔다는 에피소드가 종종 들리거든요.

무엇보다도 '콤퓨터'에서 '컴퓨터'로 외래어표기법이 바뀐 것이 두 간판 사이에서 확인된다는 점이 인상적입니다. 'computer'의 외래어표기법이 지금처럼 '컴퓨터'가 아니라 '콤퓨터'이던 시절부터 그 세탁소가 영업했음을 알 수 있지요. 간판에 '콤퓨터'를 쓴 세탁소는 서울 성동구 금호동에서도 발견할 수 있었는데, 금호동 또한 만리재와 마찬가지로 식민지 시기부터 도시화가 진행된 오래된 도시지역입니다. 오랜 역사를 지닌 마을답게, 예전의 외래어표기법이 입말에 붙은 주민들이 살고 있음을 짐작할 수 있습니다.

세탁소를 가리키는 가장 오래된 명칭은 '○○사'입니다. 사업체라는 의미로 '사'(社·舍)를 이름에 넣은 것입니다. 예전에는 세탁소가 개인 업체가 아닌 회사로서 호텔과 계약을 맺고 서비스를 제공했습니다. 이런 전통이 남아서, 역사가 오래된 세탁소는 '○○사'라는 이름을 지니고 있지요. 간혹 '퍼크로'라는 말이 들어간 세탁소 간판도 보이는데, 퍼클로로에틸렌(perchloroethylene)을 드라이클리닝 용제로 쓰는 기계를 갖췄음을 뜻하는 이름입니다. 외국에서 많이 쓰는 퍼크로 방식은 세탁법이 까다로워, 한국의 세탁소 간판에서 '퍼크로'라는 단어를 자주 접하긴 힘듭니다.

한편 '백조세탁'과 '백양세탁'이라는 세탁소 이름도 흔하게 보입니다. '백조세탁'은 1969년 처음 출시된 국산 세탁기인 금성사(오늘날 LG전자)의 백조세탁기에서 따온 이름입니다. 서울 영등포구 대림동에 자리한 '백조세탁' 간판에는 동물 백조가 그려져 있어서, 백조 깃털처럼 하얗게 세탁하겠다는 의지를 시각적으로 어필합니다. 그런가 하면 흰 양털처럼 깨끗이 세탁하겠다는 의미의 '백양세탁'은, 1906년 창업한 일본의 세탁 기업인 백양사(白洋舍, 하쿠요샤)에서 빌려 온 명칭일 터입니다.

도판 2 　　　백조세탁 (2017년 12월)

슈퍼마켓 간판

이제까지 제가 조사한 간판 중에 가장 많은 종류의 호칭이 존재하는 업종은 단연코 슈퍼마켓입니다. 슈퍼마켓으로 분류되는 동네 소매점이 전국적으로 100가지 넘는 호칭으로 불리고 있음을 확인했습니다. 앞서 본 세탁소 간판과 마찬가지로, 슈퍼마켓 이름이 간판에 어떻게 적혀 있는지를 살피면 시대와 지역의 특성이 고스란히 드러납니다.

1980년대에 제작된 것으로 보이는 슈퍼마켓 간판에서는 종종 '수퍼마켙'이라는 'ㅌ' 받침의 표기가 확인됩니다. 그런 간판에는 일반적으로 '○○수퍼마켙'이라고 적힌 글씨 양옆에, 간판을 만들어 준 업체의 상표가 새겨져 있습니다. 요즘 주류(酒類)업체들이 식당 메뉴판을 만들어 주

도판 3   서대문수퍼마켙/서대문마트 (2018년 9월과 2021년 12월)

며 자기 회사 상품을 크게 노출하는 것과 마찬가지 전략입니다. 'ㅌ' 받침
의 '수퍼마켙'도 '콤퓨터'처럼 예전 외래어표기법이다 보니, 최근에는 점
점 사라져 가는 추세입니다. 실제로 서울 종로구 평동의 서울적십자병원

과 강북삼성병원 근처에서 영업하는 슈퍼마켓은 '서대문수퍼마켙'과 '서대문마트'라는 두 개의 간판을 내걸고 있다가, 몇 년 전에 '서대문수퍼마켙' 간판을 떼어 냈습니다. 아마도 '수퍼마켙'이라는 표기법이 더는 시대에 맞지 않는다고 생각했을 터입니다.

'슈퍼마켓'은 'supermarket'을 한글로 옮겨서 표기한 것입니다. 원래 'supermarket'은 큰 시장이나 대형 식료품점을 가리키는 단어였으며, 현재 우리가 흔히 슈퍼마켓이라고 부르는 동네 소매업체들은 '○○구멍가게'로 불리거나 아예 이름을 내걸지 않고 장사했습니다. 반세기 전 신문에서는 'supermarket'을 '슈퍼·마켓트'로 표기해 그 말이 'super'(대형)와 'market'(식료품점)의 합성어라는 점을 드러내기도 했지요. 이런 까닭으로 동네의 작은 소매업체에 걸맞지 않은 'super'를 떼어 내고 'market'만 한글로 옮긴 '마켓트'나 '마켓'을 붙인 상호도 탄생하게 되었습니다.

'마켓트' 역시 예전 외래어표기법이다 보니, 최근에는 거의 사라지고 '마켓' 상호만 남았습니다. 제가 확인한 바로는 동네 소매점에서 '마켓트' 간판을 써 붙인 가게는 대전 중구 문창동의 '한밭마켓트' 한 곳뿐입니다. 전국에 한 곳 남은 '마켓트' 간판을 사진으로 남기기 위해, 지도 애플리케이션의 로드 뷰에서 해당 간판을 확인한 다음 날 대전으로 답삿길을 떠났습니다.

이러한 '도시 화석'이 있다는 사실을 알게 되면 곧장 가서 확인해야 합니다. '콤퓨터'와 '수퍼마켙' 간판이 '컴퓨터'와 '마트' 간판으로 바뀌었듯 언제 교체되어 사라질지 모르거든요.

문창동이 어떤 곳인지 사전 조사를 하지 않고 갔는데, 현지에 도착하니 그곳은 근대에 도시화가 진행된 대전에서도 특히 구도심에 해당하는

도판 4   한밭마켓트 (2018년 11월)

지역이더군요. '오래된 도심이니 마켓트라는 예스러운 외래어표기법을
사용한 가게 간판이 남아 있구나.' 하고 생각했습니다. 하지만 이 가게 간
판의 재질 자체는 그리 오래되지 않았습니다. 이런 경우는 간판 재질이
아니라 상호의 표기법을 통해, 가게와 지역이 오랜 기간 그곳에 존재했음
을 확인할 수 있지요.

　20세기 중반 서울 성동구 하왕십리동에서 기동차라는 궤도 열차가
운행한 거의 100년 된 굴다리 옆에 '굴다리마—트'라는 슈퍼마켓이 있던
것도 마찬가지 맥락입니다. 요즘 들어서는 복고풍으로 아무 데나 막대
모양의 장음 기호[—]를 붙이곤 하지만, 원래 그 기호는 일본어에서 외래
어 낱말의 장음을 표기하고자 쓰는 것입니다. '마—트'는 'mart'라는 영어
단어를 일본어로 'マート'[마—토]라고 옮긴 것을 다시 한글에 차용한 결과
로 볼 수 있지요. 따라서 '마—트'라고 표기한 슈퍼마켓 간판이 특히 눈에

잘 띄는 동네는 비교적 오래전부터 도시화가 진행된 구도심인 경우가 많습니다.

부동산과 쌀집 간판

대전 문창동의 '한밭마켓트'처럼 오래된 표기법을 사용한 간판이 남아 있는 지역은 대개 구도심입니다. 구도심을 답사하다가 오래된 표기법의 간판을 찾는 것이 아니라, 반대로 오래된 표기법의 간판을 찾아냄으로써 구도심을 발견하는 것도 간판을 통해 도시를 답사하는 요령이지요. '새마을부동산/새마을도배·장판할인매장'이 있던 경기도 수원시 팔달구 인계동 역시 이런 경우였습니다.

도판 6   새마을부동산/새마을도배·장판할인매장 (2019년 6월)

인계동은 20세기 중반 경기도 수원과 여주 사이를 운행한 협궤철도 노선인 수려선의 화성역이 자리해서 번성하던 곳입니다. 도시화한 지가 거의 100년 된 구도심이다 보니, 20세기 초반의 일식 가옥부터 20세기 중반의 단독주택과 키 낮은 상가 건물까지 다양한 형태의 저층 건물들이 밀집해 있었습니다. 그 뒤 수원의 중심이 옮겨 가면서 이 지역은 쇠락 일로를 걷다가, 결국 재건축 대상지가 되어 건물들이 철거되었습니다.

박정희 전(前) 대통령(재임 기간 1963~1979)이 1970년대에 추진한 새마을운동에서 '새마을'이라는 단어와 근면·자조·협동을 나타내는 떡잎 로고를 따온 가게가 있다는 것은, 반세기 전 새마을운동에 공감하는 가게 주인이 거기에 있었으며 나아가 이 지역의 도시화 역사가 최소한 새마을운동 시기까지 거슬러 올라간다는 사실을 보여 줍니다. 인계동의 경우, 수려선 화성역이 있던 구도심이라는 사실을 그 가게를 찾기 전에 이미 알고 있었습니다. 하지만 어떤 지역의 역사를 전혀 모르더라도, 특정한 표기법이나 단어가 들어간 상호를 내건 가게가 존재한다면 그 지역이 도시화한 시기를 짐작하는 힌트로 삼을 수 있습니다.

인계동의 새마을부동산은 도배·장판 매장을 겸했다는 점이 특징적입니다. 예전에는 지물포라 불렸고, 요즘은 인테리어 업체라 통칭하는 업종을 겸한 것입니다. 이 밖에도 부동산이 다른 업종을 겸하는 경우를 곧잘 접합니다. 인천 구도심인 동구 화수동의 '강화부동산중개인사무소/강화쌀상회'도 그러한 경우입니다. 그 가게의 주인분은 원래 쌀집으로 시작했다가, 쌀 사러 온 손님들이 방을 자주 찾는 데서 착안해 부동산을 겸하게 되었다고 전합니다.

사장 김송자(75) 할머니는 1978년에 가게 문을 열었다. 이 자리에서 장사하던 강화 사람이 40년 전에 취득한 양곡 매매 신고서와 간판을 고스란히 양도받았다.

도판 7　　강화부동산중개인사무소/강화쌀상회 (2021년 7월)

언제부턴가 사람들이 쌀을 사러 왔다가 동네 셋방 사정을 물어보
곤 했다. 평소에 귀동냥을 해서 들은 정보로 이 방 저 방을 소개해 주곤
했다. 그 대가는 계란 한 판, 박카스 한 박스 등이었다. 김 할머니는 아
예 싸전 옆에 '강화복덕방' 간판을 내걸었다.
　　　　　　— 유동현, 『골목, 살아[사라]지다』, 인천광역시 대변인실, 2013: 62쪽.

강화쌀상회는 현재 주인분이 1978년에 가게를 열기 전부터 양곡 매매
허가를 받은 강화도 사람이 영업하던 곳이라고 합니다. 쌀 부족 현상을
타개하고자 허가받은 사람만 쌀을 판매하도록 한 '양곡관리법'에 의해 양
곡 매매업 허가제가 시행된 때가 1972년이고, 1999년에는 등록제로 바뀌
었습니다. 따라서 현재 주인에 앞서 가게를 운영한 강화도 사람은 최소한
1972년 전후에는 이미 쌀집을 열었을 것입니다.

도판 8　　고려상회 (2021년 3월)

　　오래된 동네에서는 아직도 1999년 이전의 양곡 소매업 허가 번호를
적어 둔 쌀가게 간판을 보게 됩니다. 서울 성북구 종암동에 자리한 고려
상회도 '고려상회/양곡 소매업 제250호'라고 손 글씨를 적은 목제 간판을
내걸고 있지요. 손 글씨, 목제 간판, 양곡 소매업 등록 번호, 그리고 원래
회사를 가리키던 중국어 단어에서 소매점으로 의미가 축소된 '상회'(商會)
라는 말을 사용하는 점을 종합해 보면 이 가게가 영업한 지 최소한 50년
은 되었음을 짐작할 수 있습니다.

　　고려상회가 입주한 고려상가는 총 여덟 개의 건물로 구성된 단지로,
1970년에 준공되었습니다. 1977년에는 서울 동북부의 어패류 도매 거점
을 지향하며 '종암동건어물시장'이 입주했지만, 불과 4년 뒤인 1981년에
영업을 종료했지요. 이후 봉제 공장들이 입주해 오늘날에 이르렀습니다.
고려상회 같은 오래된 쌀집이 있을 만한 동네인 것입니다.

미용실과 이발소 간판

마지막으로, 미용실과 이발소 간판을 통해서도 도시를 읽을 수 있습니다. 먼저 미용실 업종은 전국적으로 상호가 너무나 다양해서 어떤 특별한 경향성을 찾아낼 수 없습니다. 다만 미용실을 가리키던 예전 명칭인 '미장원'(美粧院)이라는 고풍스러운 상호를 내건 가게를 발견하면, 해당 지역이 오랜 도시화의 역사를 경험했음을 어렴풋이 짐작하곤 합니다. 한때 광공업으로 번성한 강원도 정선군 신동읍 예미리의 '은하미장원'은 이미 폐업한 지 오래되어 보였지만, 간판에 쓰인 '신부 화장'이라는 손 글씨를 통해서 그 지역에도 수많은 청춘 남녀가 살아가던 시절이 있었음을 상상하게 합니다.

'은하미장원'이라고 적힌 간판 글씨의 한 겹 아래에는 '○○상회'라는 글씨가 희미하게 보여서, 미장원을 하기 전에는 이곳에 슈퍼마켓이 있었다는 사실도 아울러 추정할 수 있습니다. 그렇게 예전 가게의 간판 글씨를 지우고 새 가게의 간판 글씨를 덧쓰는 것을, 중세 유럽에서 양피지에 쓴 글이 용도 폐기되면 지운 뒤 새 글을 적었던 양피지성(palimpsest, 팔림프세스트)에 빗대어 설명할 수 있습니다.

미용실에 비하면 이발소 상호는 단순해서, 대체로 '이발소'나 '이용원'이라는 명칭을 씁니다. 이런 가운데 경상도와 강원도·충청도 일부, 경기도 동부 지역에서는 '이용소'라는 독특한 명칭을 볼 수 있습니다. 경상도에 가장 많고, 강원도·충청도와 경기도 동부에서는 드물게 나타납니다. 짐작하건대 '이용소'라는 상호는 경상도에서 탄생했고, 경상도 주민들이 중앙선 열차로 이동하며 퍼뜨린 듯합니다.

도판 9   은하미장원 (2020년 9월)

경상북도 경주시 건천읍 천포리에는 '월성이용소'라는 이발소가 있습니다. '월성'은 1955년부터 1989년까지 그 지역의 이름이었던 '월성군'을 가리킵니다. 1955년 경주군이 경주시와 월성군으로 나뉘었고, 1989년 월성군이 경주군으로 이름을 바꿨다가 1995년에 경주시와 경주군이 통합해서 지금의 경주시가 되었습니다. 따라서 '월성이용소'는 건천읍 천포리 지역이 30여 년 전까지는 월성군으로 불렸음을 증언하는 도시 화석인 셈입니다.

이렇게 경상도에서 다른 지역으로 퍼진 것으로 보이는 상호로 '식육식당'과 '뒷고기'도 있습니다. 정육점과 식당을 겸하는 '식육식당'은, 다른 지역에서 흔히 '정육식당'이라 불립니다. 또 '뒷고기'는 '부속고기', '특수부위'로 불리지요. '뒷고기'라는 상호를 경상도 바깥에서 볼 때마다 '경상도 주민이 이주해 가게를 열었구나.' 하고 추정하곤 합니다.

도판 10　　**월성이용소** (2021년 11월)

한편 강원도 동해시 송정동의 일심이용소에는 러시아어로 이곳이 이발소임을 설명하는 문구가 적혀 있습니다. 그것은 강원도 해안 지역이 경상도는 물론 러시아와도 인적 교류를 맺고 있음을 보여 주는 도시 화석입니다. 2009년 강원도 동해항, 러시아 블라디보스토크항, 일본 사카이미나토항을 삼각으로 잇는 크루즈선이 취항하며, 동해항을 중심으로 하는 강원도 해안 지역에서 러시아인의 존재가 눈에 띄게 커졌습니다.

간판·아파트 글자체

나무, 플라스틱, 네온사인, 종이 등 간판을 만드는 재료는 다양합니다. 따라서 재질을 통해서도 시대와 지역의 개성을 읽을 수 있지요. 그런데

도판 11   일심이용소 (2019년 5월)

간판 재질보다 더 다양성을 띠는 것은 간판의 글자체입니다. 문서 프로그램들이 유포되기 전에는, 지역마다 특색 있는 글자체를 구사하는 장인들이 있었습니다. 서울 지역을 예로 들면 이제까지 저는 '범(汎)영등포체', '을지로체', '신당5동체'라는 세 가지 글자체를 답사를 통해 확인했지요.

그리고 가게 간판과는 약간 다르게 느껴질 수도 있지만, 건물의 정보를 시민들에게 알려 준다는 점에서 가게 간판과 상통하는 아파트 글자를 이 장의 마지막에 언급할 필요가 있겠습니다. 1975년쯤부터 아파트 외벽에 이름 쓰는 일을 해 온 유영욱 선생도, 처음에는 간판집을 하다가 목욕탕 굴뚝 글자를 거쳐 아파트 글자를 쓰게 되었다고 증언합니다.

처음 간판집을 열고 나서 굴뚝에 글자를 그리는데, 그땐 아파트처럼 높은 건물들이 주변에 없으니까 올라가다 보니 그냥 구름이 보이는 거야. 떨어질까 봐 굴뚝을 꽉 잡고 올라갔어. 하늘하고 구름밖에 안 보이고, 잡을 수 있는 공간도 좁으니까 굉장히 위험해. 옛날에 굴뚝 하는 사람들이 안에서 올라오는 냄새를 맡지 말라 했는데, 그 가스를 마셔서 죽는 사람도 있었어. 지금은 못 하지. 밧줄도 매고 올라가야 하잖아. 지금 생각하면 사고 안 나고 용케 살아 있구나 싶어. 요새는 크레인으로 올라가서 글자를 그리고 그래. 그때가 1973년도인가 74년도인가 그랬을 거야. 5층 정도 되는 빌라들이 많았지. 아마 75년도로 넘어가면서 본격적으로 아파트가 생긴 거로 기억해. 유명한 배우들이 살던 조그만 아파트. 서울에도 생기고, 지방에도 생기고.

— 강예린·윤민구·전가경 외, 『아파트 글자』, 사월의눈, 2017: 64~66쪽.

아파트와 빌라 외벽에 적힌 글씨들도 시대와 지역에 따라 개성을 달리하는 훌륭한 답사 대상입니다. 1990년대 이후 건설 회사의 이름을 붙인 브랜드 아파트가 늘어나면서, 개성 있는 아파트 글자가 주변에서 점차 사라지고 있습니다. 문서 프로그램들이 보급되면서 개성 있는 간판이 사라지는 것과 마찬가지입니다. 한때 한국 전역을 뒤덮었다가 사라져 가는 개성 있는 간판과 아파트 글자를 기록하는 것은, 여러분이 손쉽게 시작할 수 있으면서도 역사적으로 중요한 가치를 지니는 도시 답사 방법입니다.

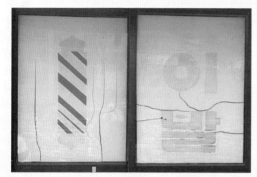

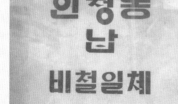

도판 12   서울 구로구 고척동·구로동·신도림동과 영등포구 문래동4가·영등포동5가의 '범영등포체'
(2019년 12월~2020년 9월)

02

문화주택

: 중심에서 주변으로, 한 세기를 풍미하다

문화주택이란 무엇인가

　'문화주택'은 서양식 주택, 즉 '양옥'(洋屋)을 가리키는 말로 20세기 초부터 1980년대까지 한반도에서 널리 쓰였습니다. 지금 여러분이 살고 있는 지역이 도시라면 구도심 쪽에서, 농촌이라면 마을마다 단층 또는 2층으로 된 뾰족지붕의 양옥집들을 쉽게 볼 수 있을 것입니다. 비록 농촌 지역에서는 '농촌주택'이나 '새마을 주택'이라는 말을 쓰기도 하지만 《경향신문》 1978년 6월 5일 자에 실린 「농촌 새 풍속도 [155] 주거 변혁 [14] 문화주택」 기사의 제목에서 보듯, 농촌에 있는 이런 종류의 집들 또한 문화주택으로 불립니다.

　조선왕조가 멸망하고 한반도가 일본의 식민지가 된 때로부터 20년이 지난 1930년 무렵부터 한반도의 도시지역에서는 문화주택이 큰 인기를

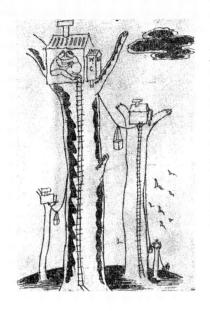

◇성냥개비文化住宅◇

（兒童手工品）

도판 1   《조선일보》 1930년 11월 28일 자 「1931년이 오면 [4]」의 삽화

도판 2   《동아일보》 1932년 1월 20일 자 「성냥개비 문화주택」의 사진

도판 3   《조선일보》 1932년 1월 3일 자 「문인이 본 서울 천국과 지옥」의 삽화

도판 4   《조선일보》 1933년 10월 26일 자 「만추 풍경 [5] 구옥의 동몽」의 삽화

끌었습니다. 《조선일보》 1930년 11월 28일 자 「1931년이 오면 [4]」에서는 그러한 문화주택 붐을 전하며, 사람들이 이층집이면 다 좋아하니 높은 나무 위에다 원시 주택을 지어도 좋아하겠다고 풍자했지요. 한편 《동아일보》 1932년 1월 20일 자에는 어린이가 성냥개비로 만든 문화주택의 사진이 실렸는데, 2층 정도 되는 양옥에 긴 계단과 뾰족한 첨탑이 붙은 모양새입니다.

《조선일보》 기사에서 보듯 식민지 시기에 문화주택은 상류계급을 상징하는 키워드로 기능했습니다. 이 당시 신문과 잡지에서는 지방에서 경성으로 유입된 사람들이 흙이나 거적으로 허름한 집을 짓고 사는 모습과 문화주택 거주민들을 대조적으로 묘사하곤 했지요. 토막민(土幕民)이 사는 단층의 움집촌 위로 상류계급이 사는 2층의 뾰족지붕 양옥집이 거대하게 자리하고 있다는 내용의 삽화를 자주 볼 수 있었습니다.

문화주택의 인기와 쇠락

식민지 시기에 상류계급의 상징으로 여겨지던 문화주택은, 광복 후에도 복권 추첨의 일등 상품으로 등장하는 등 여전히 시민들에게 커다란 인기를 누렸습니다. 그 당시에 괜찮은 주택을 구하기는 결코 쉬운 일이 아니었지요. 1945년 8월 15일의 광복 후 해외와 한반도 북부에서 수많은 전재민(戰災民)이 한국으로 들어왔고, 1950~1953년의 6·25전쟁 후에는 피란민과 이촌 향도 인구가 대도시로 몰려들어서 주택난이 매우 심각한 상태였습니다. 그리하여 1963년 이후 서울 강서구 화곡동, 은평구 불광동,

강북구 수유동, 서초구 방배동, 중랑구 면목동, 구로구 개봉동과 경기도 광명시 광명동 등 대도시 외곽 지역에 문화주택 단지가 본격적으로 보급되기 시작합니다.

◇바둑알같이 늘어서있는 문화주택들

도판 10 《조선일보》 1965년 9월 21일 자 「새 서울 지상 복덕방 [5] 신흥 주택가 이모저모 수유동 일대」의 사진

오늘날 서울 강북구 수유동에는 그 시기부터 10여 년에 걸쳐 조성된 국민주택 단지가 남아 있습니다. 좁은 부지에 조금이라도 마당을 마련하고자 고심한 흔적이 역력하고, 각 집의 대문과 뾰족지붕을 서로 다른 양식으로 꾸미는 등의 개성적인 면모가 확인됩니다. 문화주택에서는 벽의 장식 문양이나 정문, 계단, 창 같은 부분이 관찰 포인트입니다. 저는 이런 요소들을 '시민 예술'(civilian art)이라고 부르는데, 하나하나 찬찬히 소개할 필요가 있으므로 다음 장에서 자세히 말씀드리려 합니다.

문화주택은 흔히 '불란서 집' 혹은 '이태리 집'으로 불렸습니다. 프랑스나 이탈리아에 있는 듯한 집이라는 뜻입니다. '문화주택'이라는 말이 거의 사어(死語)가 된 지금까지도, 건축업자들 사이에서는 불란서 집이나 이태리 집이라는 말이 이따금 사용됩니다. 그런데 실제 프랑스나 이탈리아에는 이러한 형태의 집이 거의 없습니다. 왜냐하면 문화주택의 건축양식 자체가 19세기 인도차이나반도의 프랑스 식민지에서 탄생한 '콜로니얼 스타일'(colonial style)을 근대 일본의 건축가들이 20세기 초반에 재해석해 선보인 것이기 때문입니다.

도판 11 　《매일경제신문》 1974년 11월 15일 자 게재 광고 「즐거운 나의 집」

　　이렇게 20세기 초반부터 중반에 걸쳐 널리 인기를 끌던 문화주택은, 1970년대 말부터 쇠락의 길을 걷기 시작합니다. 1977년에 한국주택은행(오늘날 KB국민은행)이 서울, 인천, 경기도 수원시, 충청북도 청주시, 경상남도 마산시(오늘날 창원시 마산합포구·마산회원구), 제주도 제주시에서 융자 주택 입주자 2,000명을 대상으로 실시한 조사 결과를 보면 응답자의 96.3%가 "40~60평(대지) 규모에 방 수 4~5개, 입식 부엌, 수세식 변소를 갖춘 현대식 문화주택"에 살고 싶다고 답했지요(《매일경제신문》 1977년 7월 26일 자 「단독주택 희망 96%」). 그 점을 보면 그때까지는 문화주택에 대한 수요가 전국적으로 건재했음을 알 수 있습니다. 하지만 1971년 서울 용산구 이촌동의 한강맨션과 영등포구 여의도동의 시범아파트를 필두로 하여 1974년에 서초구 반포동(당시 관악구 동작동)의 반포주공아파트, 1978년에 송파구(당시 강남구) 잠실동의 잠실주공아파트, 1982년에 강남구 압구정동의 현대아파트 등이 잇달아 건설되며 문화주택의 강력한 경쟁자가 속속 나타납니다. 그 당시 서울 강북의 중산층 시민들은 '문화주택을 구매할지, 아파트 단지에 입주할지'를 두고서 고민했고 바로 그때의 선택이 이후 수십 년에 걸친 이들의 경제적 상황을 결정지었음을 지금 우리는 알고 있습니다.

집 장사 집

한편 문화주택은 '집 장사 집'이라는 멸칭으로도 불렸습니다. 문화주택이 살기 좋은 집이 아니라 '집 장사'를 하기 위해 획일적 모양에 날림으로 지은 집이라는 비판은 식민지 시기부터 제기되었지요.《조선일보》1929년 5월 19일 자 「잘 살랴면 집부터 고칩시다 [3] 지금 우리들의 문화주택은 공상 돈 적게 들고 곳치는 멧 가지」에서 건축가 박길룡은, 당시 많은 사람이 선망하던 문화주택을 가리켜 "채광과 통풍에는 조금도 생각하지 안코 지은 (…) 점점 집 장사 집으로 되어 가"고 있다며 그 부실함을 비판합니다. 이후로도 문화주택에는 "꿈이 없고 무미건조하기 이를 데 없는 속칭 집 장사 집"(《동아일보》1972년 8월 21일 자 「건축과 통일」) 또는 "획일적인 모양의 집 장사 집"(《경향신문》1988년 4월 12일 자 「입주자 취향 반영·부실 방지 이점 주문 주택 건축 붐」) 같은 비판이 꾸준히 따라붙었음을 확인할 수 있습니다.

그런가 하면《경향신문》1978년 7월 3일 자 「엉터리 기술자」에서는 문화주택의 부실함을 지적하며 "짓던 집의 벽이 무너지고 집 장사 집의 축대나 천장이 날림이기 때문에 내려앉아 귀한 생명을 앗아 가는 비극이 더는 일어나지 말아야겠다."라고 글을 매듭짓습니다. 하지만 이런 우려와 당부가 무색하게도 1992년 1월 27일 경기도 안양에서 건설 중이던 평촌

신도시의 아파트 복도가 무너져 내렸고, 2022년 1월 11일에는 광주 서구 화정동에서 건설 중인 고층 아파트가 붕괴하는 사고가 일어났지요. 문화주택을 짓던 건축업자나 고층 아파트를 짓는 건설업체나 "보기에는 산뜻하지만 자재는 싸구려고 살아 보면 허술한"(《동아일보》1981년 8월 17일 자 「고속 사회 마음의 여유를 갖자 [32] 속성 시대」) 날림 집을 짓는 '집 장사'라는 비판을 받아도 할 말이 없을 듯합니다.

　문화주택이 집 장사 집이라는 야유를 받을 정도로 부실해진 배경에는 당시 도시의 인구 증가와 심각한 주택난이 자리합니다. 아직 고층 아파트 단지라는 주택 양식은 존재하지 않았고, 단독주택에 대한 선호도가 연립주택이나 주상 복합보다는 높던 시절입니다. 그러니 각 도시의 솜씨 좋고 수완 뛰어난 목수들은 "직접 값싼 변두리 땅을 사서 집을 지어" 팔며 "집 장사로 변"했습니다(《매일경제신문》1968년 8월 10일 자 「돈 [76] 」). 자본금이 적은 목수들로서는 "어떻게 하면 헐하게 지어 비싸게 팔까 하는 것이 되는 것이니 날림 집이 될 수밖에 없"었고(《경향신문》1974년 6월 8일 자 「주택 융자의 편중」), 사후 관리도 기대하기 어려웠습니다. 민간 업자들이

도판 12　1960~1970년대에 지어진 대전 중구 문화동과 유성구 구암동의 문화주택. 전국을 답사하다 보면 특히 이 시기에 준공된 대전의 단독주택들 모습에 눈길이 간다. (2022년 9월과 10월)

지은 문화주택 단지의 일반적인 이미지가 이러하다 보니, 1960년대 중반 서울 강서구(당시 영등포구) 화곡동 일대에 '30만 단지'라는 이름의 대규모 문화주택 단지를 조성한 대한주택공사(오늘날 한국토지주택공사)는 "집 장사 집과 달리 기초공사와 전기공사 등 눈에 보이지 않는 지하에 많은 공사비가 투입되어 견고하다."라고 입주민들에게 어필하기도 했지요(《동아일보》 1968년 10월 3일 자 「날림 시비」).

　광복 이후 주택난 속에서 문화주택은 날림으로 지은 '집 장사 집'으로 폄하되기가 일쑤였습니다. 그렇다 보니 유명 건축가들이 지은 건물과는 달리, 누가 언제 어디의 문화주택 단지를 조성했는지에 대한 조사 및 기록 작업은 잘 이뤄지지 않고 있습니다. 이런 와중에 집 장사 집들은 고층 아파트

도판 13　1970년대에 조성된 개봉 60만 단지. 사진 아래쪽(경기 광명시 광명동)에서 철거가 진행 중인 모습이 확인된다. (2021년 9월)

도판 14   철거가 확정된 경기 남양주시 진건읍 진관리의 진건문화마을

도판 15   서울 은평구 진관동의 한양주택처럼 선전 마을의 성격을 띠는
                 문화주택 단지인 경기 고양시 덕양구 삼송동의 삼송주택 (2022년 7월)

단지에 밀려 빠르게 철거되는 중입니다. 그간 답사하며 깊은 인상을 받은 서울 구로구 개봉동과 경기도 광명시 광명동의 개봉 60만 단지, 서울 서초구 방배동의 이수 단지, 인천 미추홀구 주안동과 경기도 수원시 권선구 세류동의 문화주택 단지 등은 안타깝게도 이미 철거가 거의 끝났습니다.

2019년에는 경기도 남양주시 진건읍 진관리의 진건문화마을이 3기 신도시 예정 지구에 편입되어 철거가 결정되었습니다. 이곳은 2007년에 지은 문화주택 단지여서 정비된 지 20년도 채 되지 않았고 주민들도 존치를 희망했지만, 국가 시책이라는 명분 앞에서 이들의 바람은 받아들여지지 않았지요. 북한과의 교류에 대비해 선전 마을로 조성된 서울 은평구 진관동의 한양주택, 경부고속도로 건설로 발생한 이주민을 정착시킨 경기도 성남시 분당구 판교동의 개나리마을 같은 문화주택 단지 또한, 존치를 희망하는 주민들의 바람에도 불구하고 결국 택지 개발 구역에 포함되어 철거되었습니다.

농촌의 문화주택

한편 문화주택은 도시가 아닌 농촌 지역에도 많이 만들어졌습니다. 남양주의 진건문화마을이나 성남 판교의 개나리마을도, 조성되었을 당시에는 도시 속 문화주택 단지가 아니라 농촌 지역의 취락 구조 개선 사업으로 건설된 마을이라는 성격이 짙었지요.

'취락 구조 개선 사업'이라 하면 1961년 5월 16일 군사 쿠데타로 권력을 잡은 박정희 전 대통령이 1970년대에 추진했다는 이미지가 강합니다. 그러나 1950년대 후반에도 이미 군사분계선 남쪽 비무장지대인 경기도 파주시(당시 장단군) 군내면 조산리 대성동(자유의 마을)에 벽돌로 지은 문화주택 단지가 조성되는 등, 농촌의 마을 구조를 바꾸고 집을 서구화한다는 정부의 방침은 정권의 성격과 무관하게 오늘날까지 이어져 왔습니다.

(사진上은 버림받은 문화주택 下는 지어운 집을얻어두고
초가살이하는 주민들)

도판 16   《조선일보》1960년 3월 8일 자「자재 남기고 공사는 날림」의 사진

이때 대성동에 지은 문화주택 역시 날림 집이어서, 주민들이 입주를
거부하고 여전히 초가살이를 하며 지낸다는 기사가 당시에 많이 나왔습
니다. 지은 지 얼마 안 되었는데 "벽이 터진 집이 4채나 있었으며", "구조
가 농가에 어울리지 않"는다는 지적이 주민들에게서 제기되었지요(《동아
일보》1960년 3월 8일 자「벌써 벽이 터지고」). 도시지역에서 발달한 문화주택

모델을 농촌에 적용하려는 정부의 방침이 농촌 실정에 맞지 않는다는 농민들의 반발. 이 모습은 그 뒤 박정희 정권의 지붕 개량 사업과 취락 구조 개선 사업에서 다시 나타나게 됩니다.

　박정희 정부는 농촌 새마을운동의 일환으로 지붕 개량 사업과 취락 구조 개선 사업을 적극적으로 추진하면서 '농촌 표준 주택 설계도'를 제작해 보급했습니다. 심지어 박 전 대통령은 1971년 경기도 용인시 기흥구 고매동(당시 용인군 기흥면 고매리)의 '새마을 주택 1호'를 직접 설계하며 화제를 모으기도 했지요. 이러한 국민운동적 분위기 가운데 농촌주택 설계 현상 응모 사업이 실시되었고, 그로부터 1983년까지 제작된 농촌 표준 주택 모델은 71종에 이릅니다(김태겸 「농촌주택 평면 구성 특성과 표준설계도 적용에 관한 연구」).

도판 18   광주 광산구 용봉동 취락 구조 개선 사업 마을의 위성사진. 광역시로
          편입되었음에도 농지로 둘러싸인 덕에 마을 구조가 보존되었다.
도판 19   경기 의정부시 녹양동 취락 구조 개선 사업 마을의 위성사진

1974년 발생한 물난리로 커다란 피해를 본 전라남도 광산군 동곡면
용봉리 주민들은 건설부(오늘날 국토교통부) 농촌 표준 주택 설계에 따른

건축면적 14.7평(약 49m²) 규모의 문화주택에 입주했는데, 그 마을 구조와 문화주택들이 지금도 남아 있습니다. 이 지역은 현재 광주 광산구 용봉동으로 바뀌었지만, 여전히 농업지대입니다. 또한《경향신문》1978년 5월 30일 자「농촌 새 풍속도 [152] 주거 변혁 [11] 시범 취락 개선」에는 취락 구조 개선 사업 시범 부락으로 지정된 전라북도 완주군 봉동읍 제내리 제촌마을의 문화주택 사진이 실려 있습니다. 담장을 고치기는 했지만 그 집 역시 여전히 옛 모습대로 남아 있으며, 마을 구조도 취락 구조 개선 사업 당시의 형태를 유지 중입니다.

한편 1979년에는 경기도 의정부시 녹양동 미39보급선 철길 주변에서 취락 구조 개선 사업이 이뤄졌습니다. 철길이 걷히고 경기도청 북부 청사 등의 관공서가 입주하며 이 일대는 농촌에서 도시로 빠르게 바뀌는 중이지만, 녹양동의 취락 구조 개선 사업 마을은 여전히 '농촌 의정부'의 모습을 간직하고 있습니다. 광주 용봉동, 완주 제촌마을, 의정부 녹양동 같은 사례는 일일이 지적할 수 없을 정도로 전국 곳곳에 많지요.

그런가 하면 "지금의 제주 농촌의 풍경은 1970년대 후반 지어진 주택들로 이뤄지고 있는 실정"이라고 한 연구자가 지적한 것처럼(강주영「제주 지역의 농촌주택 개량 사업 특성에 관한 연구」) 오늘날 제주도에는 버스 정류장 이름에 가시리 취락 구조, 금악 취락 구조, 남원 취락 구조, 성산리 취락 구조, 신천리 취락 구조, 신흥리 취락 구조, 하천리 취락 구조, 세화1리 취락 구조 등 '취락 구조'라는 말이 들어간 곳이 참 많습니다. 이 모든 것은, 문화주택 건설과 취락 구조 개선 사업으로 상징되는 박정희 정권의 농촌 새마을운동이 현재까지 한국 농촌에 상당한 영향을 미치고 있음을 보여줍니다.

농촌 문화주택은 알록달록한 지붕 색깔과 유럽의 집을 연상케 하는 지붕 형태가 특히 깊은 인상을 남깁니다. 알록달록한 지붕 색깔은 '자연 경관'을 상징하는 것이었지요(《조선일보》 1978년 6월 21일 자 「색깔 있는 기와 사용 자연경관 살리도록」). 박 전 대통령은 이런 외관의 "산뜻한 문화주택"이 농촌에 들어선 것을 보면 "하도 기특하여 거듭 되돌아보게 된다."라면서 기쁨을 표현하기도 했습니다(《조선일보》 1978년 11월 25일 자 「"우리말 수업할 때 일인 교장 보기만 해" 옛 하숙집은 경북 제1호 보존 초가로」). 물론 당시에도 농촌 문화주택의 지붕 형태가 여름철 집중호우를 막지 못하는 등 구조적인 문제가 있고, 지붕 색깔 또한 일방적으로 관청이 지정해 주민 의견이 배제된다는 지적이 나왔습니다(장보웅 「농촌주택 개량 사업에서 파생되는 문제와 그 대책」). 하지만 대통령이 농촌주택 개량 사업과 취락 구조 개선 사업을 가리켜 '농촌 혁명'이라고 주장하는 상황에서, 그런 반대 목소리가 현장에 반영되기란 어려웠지요.

박정희 정권을 거치며 한국 농촌은 질적으로 바뀌어 이전으로 돌아갈 수 없게 되었습니다. 1979년 내무부(오늘날 행정안전부)에서 편찬한 『민족의 대역사』에는 박 전 대통령의 친필 편지가 실려 있습니다. 농촌 개량 사업의 결과로 앞으로는 농촌에서 예전 모습을 찾아볼 수 없게 될 터이니, 후세를 위해 지금의 "초라하고 서글픈 농가 모습"을 사진으로 찍어 두라는 지시입니다. 그 말대로 현재 농촌에서는 농촌 새마을운동 이전의 주택이나 마을 구조를 찾아보기 힘듭니다.

정권의 공과(功過)를 도덕적으로 논하기에 앞서, 박정희 정부의 농촌 새마을운동이 한국 농촌의 모습을 어떻게 영원히 바꿨는지를 담담하게 기록할 필요가 있음을 답사할 때마다 느낍니다. 전라남도 나주시 산포

면 신도리에는 전형적인 문화주택 양식의 금호노인회관 건물이 있습니
다. 그리고 이 앞에는 '박 대통령 각하 영부인 고(故) 육영수 여사 송덕비'
가 세워져 있습니다. 한센병력자 정착촌인 이곳에 육영수 여사가 특별히
관심을 보여 준 사실을 고마워한 마을 주민들이, 1974년 8월 15일에 그가
암살되자 세운 비석입니다. 농촌 새마을운동 시절에 조성된 전형적인 문
화주택 앞에 육영수를 추모하는 비석이 세워져 있다는 사실이 상징적이
라고 느꼈습니다.

상명 하달식의 문화주택 보급과 취락 구조 개선 사업에 대한 농촌 주
민들의 반발이 심해지자, 박정희 정권 말기인 1979년에는 기존의 강경
일변도정책 추진이 완화됩니다(《동아일보》 1979년 3월 21일 자 「내무부, 당초
방안 완화 농촌주택 개량 사업 희망 농가에만 추진」). 이후 전두환 정권이 들어선
1980년대가 되면, 전임 대통령이 추진하던 농촌 새마을운동은 본격적으
로 비판받기 시작합니다. 도시에서도 문화주택의 인기가 아파트 단지에
눌린 시점이었기에 '문화주택'이라는 말은 도시와 농촌 모두에서 서서히

도판 24   취락 구조 개선 사업의 상징이었던 경기 용인시 기흥구 공세동
           한일마을의 문화주택 (2022년 9월)

도판 25   전남 나주시 산포면 신도리의 금호노인회관과 '박 대통령 각하
           영부인 고 육영수 여사 송덕비' (2022년 9월)

사용되지 않게 됩니다. 그러면서 '문화주택'이라는 말은 북한에서 추진한 '농촌 문화주택' 사업을 가리킬 때만 주로 등장하는 사어가 되었습니다. 이렇게 해서 거의 100년에 걸친 문화주택 열풍이 끝났지요.

문화주택은 식민지 시기에 상류계급의 주거 양식으로 선택되었으며, 광복 후 도시 외곽으로 확산하다 재산 가치 측면에서 아파트 단지에 밀려났습니다. 하지만 문화주택은 이로써 소멸한 것이 아니라 농촌으로 퍼져 나갔습니다. 최근에는 농촌에서도 문화주택보다 아파트 단지를 선택하는 인구가 늘고 있지요. 문화주택이라는 문화적 키워드가 도시 중심부에서 외곽으로 확산했다가 소멸하는 경향을 확인할 수 있습니다.

한반도에서 100년 가까이 유행하다가 사라지고 있는 문화 현상인 문화주택. 여러분이 아직은 쉽게 볼 수 있는 문화주택도, 머지않은 미래에는 초가집만큼이나 접하기 힘든 존재가 될 것입니다. 그러니 여러분이 살고 있는 마을의 문화주택을 찾아가서 사진으로 기록하는 것이야말로 훌륭한 도시 답사 방법일 터입니다.

03

시민 예술

: 아름다운 삶을 꾸려 가려는 주체적 태도

시민 예술이란 무엇인가

이 장에서는 시민 예술의 감상법에 대해 말씀드리겠습니다. 시민 예술은 이름난 예술가가 뚜렷한 미적 의식을 지니고 창작한 예술 작품이 아니라, 익명의 집주인이나 이른바 '집 장사'가 실용적인 목적 또는 소박한 수준의 미의식을 지니고 집 안팎을 꾸민 것이 답사하는 사람들에게 예술 작품으로 재해석되는 경우를 가리킵니다.

유명 건축가가 설계한 단독주택이나 다세대주택, 또는 대기업이 예술가에게 의뢰해 빌딩 앞이나 아파트 단지 내부에 설치한 공공 미술품 등은 보는 사람들에게 즉각적으로 예술 작품이라 인식됩니다. 그런데 한국 구석구석을 돌아다니다 보면 '이것이야말로 시민에 의한, 시민을 위한 예술이구나.'라고 인정할 수밖에 없는 오브제(objet)를 쉽게 만날 수 있습니다.

도판 1   경기 부천시 심곡동의 지붕 (2019년 10월)

그러한 시민 예술 오브제는 익명의 시민이 처음부터 의도해서 제작한 경우도 있고, 답사객처럼 관찰하는 쪽에서 의미를 부여함으로써 감상의 대상이 되는 경우도 있지요.

제가 시민 예술이라는 오브제를 '집'에서 발견한 것은 2019년 경기도 부천시 심곡동에서였습니다. 어느 날 골목을 걷다가 담벼락 너머로 어떤 집의 지붕을 우연히 쳐다보게 되었는데, 지붕 가장자리에 오리로 보이는 동물이 정성스레 그려져 있는 것이 무척 신기했습니다. 이때부터 답사할 때마다 집의 지붕과 담벼락, 창문, 문에 어떤 그림이 그려져 있고 어떤 문양이 디자인되어 있는지를 유심히 들여다보며 하나하나 기록하기 시작했지요. 시민 예술의 관찰 포인트는 감상자에 따라 무궁무진하게 확장할 수 있지만 여기서는 크게 지붕, 계단, 창문, 벽, 문에 주목해 하나씩 살펴보겠습니다.

가장 먼저 눈을 사로잡는 지붕

한국의 골목길을 걷다 보면 주택의 지붕, 그리고 지붕 밑에 배치되어 있는 장식이 제일 먼저 눈에 들어옵니다. 앞서 문화주택에 대해 말씀드렸는데, 문화주택의 가장 큰 특징이 바로 지붕입니다.

문화주택의 지붕 모양은 대개 뾰족합니다. 이런 뾰족지붕을 얹은 문화주택은 20세기 후반 한국에서 불란서 집이나 이태리 집으로 불렸지만, 앞서 말했듯 실제 프랑스나 이탈리아에서는 거의 찾아볼 수 없습니다. 뾰족지붕은 멋을 부릴 목적으로 "용마루가 한쪽에 치우쳐 있기 때문에 한 면의 지붕 경사는 완만하여 누수의 가능성이 많다."라는 지적이 있기도 했습니다(장보웅 「농촌주택 개량 사업에서 파생되는 문제와 그 대책」).

한국의 자연환경에 맞지 않는다는 지적이 있기는 하지만, 뾰족지붕을 한 문화주택은 중층·고층 아파트 단지나 빌라를 제외하면 오늘날 한국에서 가장 많이 볼 수 있는 주거 형태입니다. 그런 만큼 문화주택을 지은 이른바 '집 장사'들은 세일즈 포인트를 만들고자 집에 여러 가지 멋을 부렸는데, 그중 특히 힘을 기울인 곳이 뾰족지붕 아래의 삼각형 면입니다.

기와집으로 말하면 합각에 해당하는 이 양옥 지붕 밑의 삼각형 부분은 대단히 자유롭게 장식되어 있어서, 한 사람의 집 장사가 지은 것으로 추정되는 주택단지에서도 집마다 서로 다른 모양을 띱니다. 복(福)과 장수를 비는 글자가 새겨져 있거나 기하학적인 문양이나 꽃 등이 그려져 있기도 하고, 다양한 모양의 창문으로 멋을 내기도 했습니다. 저는 비교적 전국을 골고루 답사하고 있지만, 이 지붕 밑 삼각형 면에서 확인되는 디자인의 전국적인 분포 등을 파악하기에는 아직도 멀었습니다. 안타까운

도판 2 　서울 성북구 석관동의 지붕 (2019년 10월)
도판 3 　인천 계양구 작전동의 지붕 (2020년 2월)
도판 4 　인천 계양구 작전동의 지붕 (2020년 2월)
도판 5 　인천 부평구 산곡동의 지붕 (2021년 11월)

것은 단독주택 단지들이 고층 아파트 단지나 오피스텔로 재건축되는 속
도가 점점 빨라지고 있다는 사실입니다.

실용성이 낳은 우연한 작품, 계단

문화주택은 대체로 2층 이상이다 보니 계단이 있게 마련입니다. 집에
계단이 있으면 사람들은 그 계단을 그냥 두지 않고, 무엇인가 디자인하고

도판 6 경기 하남시 덕풍동의 계단 (2021년 3월)
도판 7 서울 용산구 보광동의 계단 (2019년 2월)
도판 8 서울 서대문구 북아현동의 계단 (2018년 6월)
도판 9 서울 서대문구 충정로3가의 계단 (2018년 6월)

싶어 합니다. 또 집과 집을 잇는 마을 길의 계단도 유심히 살피다 보면 감
상할 만한 대상이 됩니다.

　계단의 기본은 실용주의입니다. 그런데 도시의 집과 골목은 비좁다
보니, 그 좁은 틈에 계단을 설치하면 우연히 독특한 디자인이 탄생하곤

합니다. 계단을 놓은 집 장사나 마을 주민들은 아마 '계단 작품을 만들어야겠다.'라는 의식을 지니지 않았을 것입니다. 하지만 거리를 걷다 보면 절로 감탄이 나오는 계단을 마주하고는 발걸음을 멈추게 됩니다.

이렇게 우연히 계단의 시민 예술이 탄생하는 단계에서 좀 더 적극적으로 나아가, 타일을 모자이크식으로 붙이거나 색을 칠해 계단의 각 칸을 구분하기 쉽게 꾸민 경우도 있습니다. 그런 계단은 기본적으로 계단의 칸을 잘 구분해 발을 헛디디지 않도록 하는 실용주의에서 비롯된 것이지만, 철제 사다리와 지붕을 조화롭게 만들고자 노력하는 등 좀 더 적극적으로 미의식을 표출한 사례도 확인됩니다.

창문에 피어난 '철의 꽃'

최근 들어 타이완과 일본 등지에서는 창문을 미적으로 감상하려는 움직임이 나타나고 있습니다. 특히 타이완에서는 창을 장식하는 창살을 가리켜 '철화창'(鐵花窗), 즉 창문에 피어난 철의 꽃이라는 개념으로 파악하려는 움직임이 있지요. 한국에서는 타이완만큼은 아니지만 그래도 꽤 다양한 창살 디자인이 확인됩니다. 창문의 창살 하나하나가 미적인 감각에서 선택되어 설치되었을 가능성도 있고, 특히 하나의 벽에 뚫린 여러 개의 창에 각각 다른 창살이 설치되어 있다면 이는 좀 더 뚜렷하게 미적 감각을 인정할 수 있습니다.

창틀의 사방을 튀어나오게 만든 경우도 보이는데, 이 방식은 근대 일본 건물에서 흔히 나타나는 것입니다. 1945년 8월 15일 일본의 통치에서

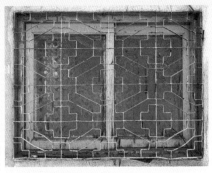
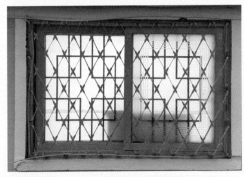
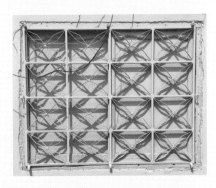

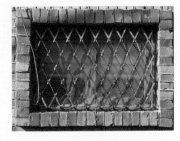
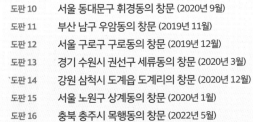

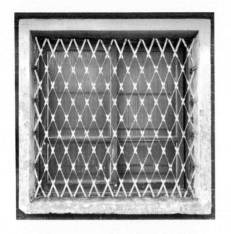
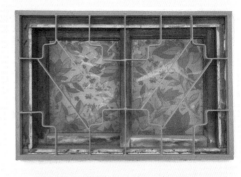

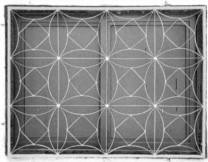
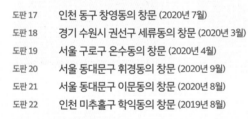

벗어난 뒤로도 한국 각지의 집 장사들은 한동안 식민지 시기에 배운 대로 건물을 지었습니다. 사정이 이렇다 보니 일식 가옥 양식은 충청북도 충주나 경상남도 진해 등 전국 곳곳에서 널리 확인됩니다.

벽의 주인은 누구인가

시민 예술로서 벽을 파악한다고 하면, 천사 날개 그림 같은 이른바 벽화 마을의 '벽화'를 떠올리실 것입니다. 하지만 그것들은 주민 의사와 무관하게 예술가라는 사람들이 각종 관청의 후원을 받아서 그린 경우가 대부분입니다. 벽화의 사후 관리를 하지 않는 바람에 비바람에 지워지거나, 관광객들이 벽화를 보러 몰리는 바람에 서울 종로구 이화동 벽화 마을처럼 주민들이 벽화를 지워 버리는 경우도 있습니다.

신도시의 고층 아파트 단지에 사는 예술가나 자원봉사자들이 구도심을 피상적으로 바라보면서 '어둡고 음침하다'고 느껴 벽화를 그렸다면, 이것은 신도시 주민이 구도심 마을 주민을 객체화한 행위입니다. 그것을 '시민'이나 '마을 주민'의 예술 활동이라는 식으로 막연하게 인식해서는 안 됩니다.

이른바 예술가나 자원봉사자들이 그린 벽화 예술은, 애초에 무성의하게 그려지거나 사후 관리가 제대로 되지 않아 곧 흉물이 됩니다. 하지만 물감으로 그리는 것이 아니라 타일처럼 모자이크 방식으로 조각들을 붙인 벽화는 상대적으로 사후 관리의 필요가 적고 손상 또한 적어서, 답사하며 볼 때마다 고개를 끄덕이게 되지요. 제작하는 데 비용이 많이 들다

도판 23　　서울 관악구 신림동의 벽 (2020년 11월)

보니 전자를 채택하는 단체가 많지만, 남의 마을에서 예술 활동을 할 것이라면 비용보다는 주민의 삶을 우선시해야 합니다.

다만 서울 관악구 신림동의 난곡동 벽화 마을은 그곳에 사는 주민들이 직접 벽화를 그렸다고 하니, 이 경우는 이른바 예술가들의 벽화 작업과는 차별화됩니다. 이렇게 마을 주민들이 직접 그린 벽화는, 그들의 주체적 의지로 탄생한 시민 예술이라 부를 수 있습니다. 그처럼 주민들이 자발적으로 벽에 그림을 그려 마을을 미화하려는 움직임도 전국에서 확인됩니다.

나아가 기하학적 문양 또는 길상문(吉祥紋)을 배치하거나 벽을 스케치북 삼아 조개, 장미, 꽃 등을 자유롭게 그린 경우도 나타납니다. 그리고 독특한 것으로는 서울 영등포나 경기도 고양시 일산 구도심에서 확인한 눈속임 벽이 있습니다. 보기에 좋지 않게 툭 튀어나온 벽의 일부를 그림으로 장식해서 환경을 미화하고자 한 시민들의 미적 의식을 읽어 낼 수 있습니다.

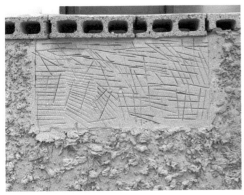

도판 24 강원 강릉시 주문진읍 교항리의 벽 (2021년 4월)
도판 25 서울 영등포구 신길동의 벽 (2020년 11월)
도판 26 서울 동대문구 회기동의 벽 (2020년 9월)
도판 27 서울 강동구 천호동의 벽 (2021년 3월)

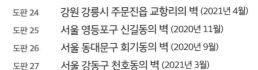

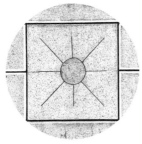

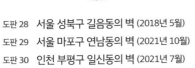

도판 28 서울 성북구 길음동의 벽 (2018년 5월)
도판 29 서울 마포구 연남동의 벽 (2021년 10월)
도판 30 인천 부평구 일신동의 벽 (2021년 7월)

경기 고양시 일산서구 일산동의 벽. 튀어나온 부분에 의자 그림을
그려 넣었다. (2019년 2월)

집 장사들이 그린 벽화는, 그 뒤의 이른바 예술가들에게 무시되기 십
상입니다. 예전에 집 장사들이 그린 벽화 위에 새로운 벽화가 덧그려져
있는 광경을 종종 목격합니다. 인천 월미도 유원지 인근의 주거 구역을
걷다가, 예전에 집 장사들이 그린 벽화가 있음에도 불구하고 현대의 벽화

인천 중구 북성동1가의 벽. 바다의 파도를 닮은 물결무늬 위로 캐릭터 벽화가 덮였다.
(2020년 12월)

꾼들이 이를 무시한 채 그 위에다 그림을 덧그려 놓은 모습을 봤습니다.
저는 원래 벽화가 이 마을의 분위기에 더 어울린다고 느꼈습니다. 관광객
의 관점으로 덧그려진 현대의 벽화는 마을 주민의 삶, 그리고 자신들보다
앞서서 시민 예술을 만든 사람들의 존재를 무시하는 것처럼 보였지요.

끝까지 남는 문

집에서 존재감이 가장 큰 구조물은 정문입니다. 그렇다 보니 문은 화
려하게 디자인되고, 문에 맞춰 집 전체가 꾸며지는 경우도 많습니다.

물론 문의 기본적 목적은 그 집에 사는 사람들이 드나드는 것입니다.
그래서 무거운 물건을 끌고 드나들 수 있도록 나무 빨래판으로 정문 계단

도판 33   서울 중구 신당동의 문 (2019년 2월)
도판 34   경기 의정부시 가능동의 문 (2020년 10월)

중간에 경사로를 설치하고, 비가 내릴 때 미끄러지지 않도록 요철을 만들 거나 빗금을 그어 둔 모습을 보곤 합니다. 이러한 경사로, 요철, 빗금은 어 디까지나 실용적 목적에서 만들어진 것이지만 의도치 않게 문의 디자인 에 포인트가 되기도 합니다. 또한 문 주변에 배치된 기하학적 장식이나 타일, 방범이라는 실용적 목적에서 설치된 철창, 그리고 문의 손잡이 등 도 문을 시민 예술로 만들어 주는 요소입니다.

　한국의 단독주택에서는 문 위에 화단을 조 성하거나 장독을 올린 경우도 볼 수 있습니다. 때로는 문 위에 포도밭을 조성해, 여름에 거리 를 걷다가 도시 속 농촌을 느끼게 합니다. '문 위 에 만들어진 텃밭'은 워낙 흥미로운 풍경이어서 이에 대해서는 별도의 글을 실었습니다.

　문 가운데 독특한 것으로는 'V' 자 모양으로 서로 비스듬히 마주한 쌍문을 들 수 있습니다.

도판 35 서울 동대문구 용두동의 문 (2022년 3월

쌍문은 전국적으로 주택단지에서 널리 관찰되는데, 좁은 부지에 많은 집을 지어 분양하려던 집 장사들이 두 집에 하나씩 골목길을 할당하다 보니 그런 모습이 탄생한 듯합니다. 그러다가 어느 한쪽 집이 재건축되면 다른 한쪽 집만 덩그러니 남겨지곤 합니다. 마침내 그 지역이 전부 재개발되면, 한동안 문만 덩그러니 자리를 지킵니다.

삶에 대한 강렬한 의지, 시민 예술

20세기 후반에 만들어진 집 장사 집은 구석구석에 존재하는 미적 포인트들이 충분히 발견되지 않은 채 철거되고 있습니다. 그동안 집 장사 집에 대해서는 질 낮은 주택을 팔기 위해 겉을 꾸몄다는 비판이 주를 이뤘지요.

물론 집 장사 집은 연탄가스가 새는 등 부실 시공이 이뤄지는 경우가 적잖았습니다. 하지만 1990년대 초에 조성된 1기 신도시의 중층·고층 아파트 단지 역시, 건설 도중에 복도가 무너져 내리고(《조선일보》 1992년 1월 28일 자 「조립식 복도 작업 중 10개 층 내려앉아」), 입주 첫날에 연탄가스 중독으로 사망 사고가 생기는 일이 있었지요(《경향신문》 1991년 12월 25일 자 「목숨 앗은 아파트 부실시공」). 2022년 1월 광주 서구 화정동에 건설 중이던 고층 아파트 단지의 일부 동이 붕괴해 다수의 사상자가 발생한 것도 기억에 새롭습니다.

저는 20세기 후반의 집 장사 집들이 부당하게 과도한 비판을 받았다고 생각합니다. 대형 건설사들은 소형 건설업체를 비하하고, 예술가라는

자의식을 지닌 일부 건축가는 고압적인 시선으로 집 장사 집을 내려다봤습니다. 부실 공사라는 비난이 집 장사 집에만 집중되는 현실은 '어떤 형태의 여론 조작에 의한 것이 아닌가?' 하는 생각까지 들게 할 정도입니다. 이런 시선 때문에, 20세기 후반 수많은 시민이 살던 주택은 그 미적 가치를 충분히 발견받지 못한 채 재개발로 사라지고 있습니다.

아무리 가난한 동네에 자리한 집이라고 해도, 그 집에서 시민 예술을 발견할 때마다 저는 삶에 대한 동료 시민들의 강렬한 의지를 느낍니다. 가난하지만 허술하게 살아가지 않겠다는, 어떻게든 아름다운 삶을 꾸려보겠다는 의지. 시민들의 이러한 의지를 확인하기 위해 저는 시민 예술을 찾아다닙니다.

도판 41　전북 임실군 오수면 오수리의 시민 예술
　　　　(2022년 4월)
도판 42　경기 평택시 팽성읍 안정리의 시민 예술
　　　　(2021년 3월)

04

화분과 장독대
: 불굴의 텃밭 정신을 찾아서

화단과 화분

이 장에서는 도시에서 쉽게 볼 수 있는 꽃과 빨래, 화분과 장독대에 주목해 도시를 답사하는 방법을 소개합니다. 앞서 시민 예술에 대해 말씀드리면서 계단을 소개했습니다. 계단은 그 자체로도 도시 답사의 대상이 되지만, 화분을 올려놓는 진열대로서도 훌륭한 도시 답사의 대상이 되어 줍니다. 화분과 계단이 결합해 야외 전시장이 되는 셈입니다.

계단에 전시되는 화분에는 두 가지 종류가 있습니다. 한 가지는 먹을 수 있는 채소를 기르는 화분이고, 다른 한 가지는 눈으로 보고 코로 향기를 맡기 위한 꽃을 기르는 화분입니다.

골목을 걷다가, 먹을 수 있는 채소가 심긴 화분이 많이 보이면 '이 지역의 삶이 조금은 팍팍하겠구나' 하고 짐작하게 됩니다. 또는 '내가 먹을

도판 1 부산 남구 용호동의 화분으로 둘러싸인 집 앞
(2021년 7월)

채소는 내가 직접 기른다'는 생각이 투철한, 농촌에서 올라온 시민이 많이 살고 있는 지역이라는 추측도 합니다. 반면 겉보기에는 허름한 동네라도 눈과 코로 즐기는 완상용 꽃과 나무가 심긴 화분이 많이 보이는 경우가 있습니다. 이런 경관을 보면 아름다운 삶을 추구하는 시민들의 의지가 만만찮다는 느낌을 받습니다. 플라스틱제가 아닌, 제대로 된 토기나 도자기 화분이 놓여 있는 경우라면 그런 느낌이 더욱 강하게 다가옵니다.

제가 화분에 관심을 두게 된 것은, 한국학을 연구하는 일본인 연구자의 발언을 들은 뒤부터입니다. 그는 이렇게 말했지요.

"일본에서는 도시에서 화분과 꽃밭을 흔하게 보지만, 한국에서는 상대적으로 접하기 어렵다. 이것은 일본인들이 자신과 가까운 곳에 자연을 꾸미는 반면, 한국인들은 도시 가까이 있는 산으로 가는 것을 좋아하는 문화적 차이에서 비롯된 듯하다."

이 발언을 듣고서 의아했습니다. 그 당시만 해도 아직 도시 답사를 본격적으로 하던 시절이 아니었지만, 그래도 이제까지 한국 도시에서 살아

오며 계절 따라 수많은 꽃과 나무를 봐 왔기 때문입니다. 특히 제가 가장 사랑하는 라일락은 4월이면 전국 골목길 곳곳에서 짙은 향기를 풍기지 않던가요? 과연 한국 시민은 산에 가서 자연을 접하기 때문에 집 주변을 살풍경하게 방치한다는 말인가요? 물론 그렇지 않습니다. 이 말을 들은 뒤로, 저는 도시를 걸을 때 더 집중해 꽃과 나무를 관찰하게 되었습니다.

　그렇게 말한 일본인 연구자는 전근대 한국문학에 조예가 깊고 진심으로 한국에 큰 관심을 지닌 분입니다. 아마도 이분은 한국의 골목길을 구석구석 걸어 본 경험이 상대적으로 부족한 한편, 한국 시민들이 도시 근교의 산을 즐겨 오른다는 사실에 깊은 인상을 받았을 테지요. 해당 발언은 한국과 일본을 비교하며 차별적 시선을 드러냈다기보다는 각 나라의 문화를 너무 쉽게 일반화해서 비교했다는 점이 문제입니다. 이 글은 그 연구자의 성급한 비교 문화론에 대한 저의 답이기도 합니다.

도판 2　　　조경이 잘된 일본 도쿄도 메구로강 산책로 (2008년 4월)

도판 3   서울 서대문구 충정로3가의 화분이 놓인 계단 (2018년 6월)
도판 4   경기 부천시 소사동의 화분이 놓인 계단 (2020년 4월)

    현대 한국 시민들, 특히 농촌에서 도시로 진입한 시민들이 좁은 공간을 알뜰하게 활용해 자신이 먹을 채소뿐만 아니라 눈과 코로 즐길 꽃과 나무를 기르는 사례는 무수히 많습니다. 서울의 가난한 외곽 지역이던 관악구 봉천동 달동네에서 성장한 어떤 분은 자신의 어머니가 좁은 골목에 정성껏 가꾼 화단을 회고하며, 어머니뿐 아니라 동네 사람들 모두 그 소박한 화단을 아꼈다고 자전소설을 통해 증언합니다.

    화단이라고 하기에는 우스울 정도로 놓인 꽃이라곤 어머니가 비행기산에서 뜯어 온 들꽃들과 호박 그리고 이름도 알 수 없는 요상한 생김새의 꽃들로 가득 채워져 있었다. 그래도 어머니에게는 당신의 정성이 가득 담긴 아름다운 화단이었다. 우리 집 앞 골목은 두어 사람이 지

나기에도 비좁을 만큼 아주 좁았다. 그럼에도 어머니는 이 좁디좁은
골목에 거의 반 이상을 차지할 정도로 화단을 만들어 놓았다. (…) 지
나는 동네 어른들은 가던 길을 멈춰서 들여다보며 "꽃이 참 예쁘다."라
는 진심 어린 말을 남기며 돌아섰다.

　　아마도 화단 위에 놓인 꽃을 보며 각박하게 살아가는 자신들의 처
지를 위로하며 각자의 마음속에 아주 큰 자기만의 정원을 상상했을지
도 모른다.

　　　　— 한재준. 『우리 집 주소는 봉천동 339번지』, 에세이, 2010: 153~154쪽.

이분의 어머니는 좁지만 이쁜 화단을 골목길에 가꿨습니다. 집 앞에
화단을 조성할 공간이 없을 경우, 시민들은 화분으로 화단을 대체합니다.

도판 11   서울 마포구 노고산동의 화분이 놓인 미용실 (2020년 7월)
도판 12   서울 강동구 천호동의 포도밭이 조성된 단독주택 정문 (2019년 7월)

그리고 화분의 위치는 도시를 답사할 때 눈여겨볼 만한 흥미로운 포인트가 됩니다.

미용실, 이발소, 여인숙, 모텔 등의 업소 앞에 화단이나 화분이 잘 가꿔져 있으면 손님을 맞이하는 주인의 단정한 마음가짐을 느끼게 됩니다. 업소가 아닌 일반 단독주택에서는, 집으로 들어가는 정문의 앞과 위에 화분을 놓는 경우가 많습니다. 앞서 시민 예술의 한 장르로서 단독주택의 문에 주목했는데, 문 자체의 디자인뿐 아니라 문과 화분의 조화 또한 도시 답사의 포인트가 됩니다.

특히 7월과 8월에 도시를 답사하다 보면 단독주택 정문 위에 포도를 기르는 모습을 자주 봅니다. 예쁘게 장식된 정문 위에 초록빛의 포도나무가 자라고, 주렁주렁 매달린 포도송이가 하얀 종이로 감싸져 있는 모습은 여름의 도시 답사에서 아주 독특한 감상 포인트가 되어 줍니다. 이제까지 단독주택 정문 위에 포도밭을 조성한 사례를 서울과 인천, 충청남도 천안시에서 봤으니, 남부 지방은 모르겠지만 최소한 중부 지역에서는 널리 행해져 온 관습이라고 할 수 있겠습니다.

의자와 장독

단독주택의 정문과 벽 앞에는 화분이 놓이기도 하고 의자가 놓이기도 합니다. 물론 둘 다 놓여 있기도 합니다. 주차 사정이 좋지 않은 단독주택 단지에서 화분과 의자는 다른 사람들이 주차하지 못하게 하는 도구로 기능할 때도 있습니다. 대전 동구 신중앙시장에서 본 화분들의 경우에도 가게 앞 주차를 막는 기능을 하는 듯했지만, 정성스럽게 가꿔진 모습 그 자체로 감상 대상이 되어 주고 있었지요.

그런가 하면 화분과 의자가 문이나 벽에 딱 붙어서 놓여 있는 경우도 있습니다. 답사하다가 담벼락에 늘어선 의자들을 만나면, 집주인과 마을 사람들이 거기에 나란히 앉아 도란도란 이야기를 나누고 함께 볕을 쬐는 모습을 저절로 머릿속에 그려 보게 됩니다. 마을 회관 역할을 하는 의자들인 것입니다. 개중에는 참 절묘하게 만들어진 의자도 있어서, 그 자체가 미적 감상의 대상이 되기도 합니다.

앞서 단독주택 정문 위에 놓인 화분을 소개했습니다. 그런데 단독주택이나 중층 아파트의 입구 위에는 화분뿐만 아니라 장독이 놓이기도 합니다. 건축사 연구자인 박철수 선생이 『박철수의 거주 박물지』(집, 2017)에서 검토했듯, 지난 100년간 한국의 지식인 집단은 서양식 생활 방식을

도판 13　　　강원 춘천시 죽림동의 차량 주차를 막기 위한 의자 (2020년 5월)

도판 14　　　서울 용산구 한강로3가의 담벼락 앞에 놓인 의자 (2019년 6월)

도판 15   경남 창원시 진해구 제덕동의 화분 받침대로 쓰인 장독 (2021년 5월)

도판 16   충북 청주시 흥덕구 봉명동의 아파트 현관 위에 놓인 장독 (2019년 7월)

도입하기 위해 '도시에서 장독을 없애 버리자'고 계속 주장해 왔습니다. 서울시와 정부는 〈식생활 개선 이야기〉(1968)와 〈식생활 이야기: 장독대 없애기〉(1969)라는 홍보 영화를 잇달아 제작해 극장에서 상영할 정도였지요. 1970년 서울 마포구 창전동의 와우아파트가 무너져 내린 것도 장독의 무게 때문이라는 주장까지 제기될 정도로, 장독은 현대 도시 생활의 방해물로 간주되었습니다.

하지만 단독주택의 경우에는 정문, 벽, 지붕 등 곳곳에서 여전히 쉽게 장독을 찾아볼 수 있습니다. 농촌에서 도시로 진입한 많은 시민이 이사할 때마다 장독을 소중히 챙겨 다닌다는 것은, 장독이 곧 사회적 신분을 나타내는 상징으로서 기능하고 있음을 암시합니다. 사용하지 않는 장독은 거꾸로 놓인 채 화분 받침대로 활용되기도 하지요.

한편 현대 한국의 아파트 단지에서 흔히 보이는 김치냉장고는 장독이 형태를 바꾼 것이라고 할 수 있습니다. 이러한 김치냉장고는 대추야자 저장 용도로 아랍권에 수출되기도 합니다. 한국의 지식인들이 없애고 싶어 한 도시 속 장독이, 이제는 한국적 문화로서 수출 대상이 되기에 이른 것입니다.

앞의 책에서 박철수 선생은 김현옥 서울시장(재임 기간 1966~1970)이 장독대와 빨래 널기 풍경을 근대적이지 않은 것으로 여겨 척결하려 했다고 전합니다. 지금도 전국 도시지역의 아파트 단지에서는 '베란다에 빨래를 널면 집값이 떨어진다'며 빨래 널기를 금지하는 안내문을 찾아볼 수 있습니다.

오늘날 아파트에서 장독은 김치냉장고로, 빨랫줄은 건조기로 모습을 바꿨습니다. 고급 브랜드임을 주장하는 아파트 단지일수록 베란다에서

도판 17   인천 동구 창영동의 단독주택 옥상에 널린 빨래 (2020년 3월)

장독과 빨래 널기 풍경을 찾아보기 어렵지요. 장독과 빨래 널기가 단독주
택 단지와 아파트 단지를 구분하는 문화적 기호로서 기능하고 있는 것입
니다. 일본에서 유학할 때 고급 아파트 단지 베란다에 빨래가 널려 있는
모습을 흔하게 보던 저로서는, 이런 지점에서 한국과 일본의 아파트 문화
가 많이 다르다는 생각을 하게 됩니다.

불굴의 텃밭 정신

이 장의 서두에서 화분과 화단을 살피면서, 먹을 수 있는 채소를 기르는 경우도 있고 눈과 코로 즐기는 꽃과 나무를 기르는 경우도 있다고 말씀드렸습니다. 그 가운데 채소를 기르는 화분과 화단이 본격화되면 꽤 큰 규모의 텃밭이 됩니다.

수도권 전철역 플랫폼에서는 시민들의 시를 볼 수 있습니다. 그중 5호선 오목교역에서 본 시가 인상 깊었지요. 이 시민은 가족이 사는 단독주택 화단에 자라는 식물을 보며 "푸릇푸릇 반찬이 올라와 있다."라고 적었습니다. 화단에서 기르는 식물이 관상용이 아니라 식용임을 알 수 있습니다.

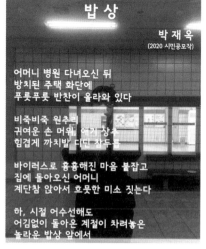

도판 18 수도권 전철 5호선 오목교역 스크린 도어에 붙은 시 (2022년 3월)

단독주택뿐 아니라 공동주택인 아파트의 공터에서도 많은 시민이 채소를 기릅니다. 아파트 공터는 사유지가 아니지만, 이들에게는 상관없는 듯합니다. 물론 철로 사이나 대전차방어 시설 틈새에서 텃밭을 가꾸는 것에 비한다면, 아파트 공터를 텃밭으로 활용하는 모습은 상대적으로 덜 위험하기는 합니다. 철길 사이에 텃밭을 조성하면 텃밭을 일구는 시민 자신이 위험에 처할 수 있습니다. 또한 산기슭에 텃밭을 조성하면 장마나 태풍 때 산사태가 발생해 많은 동료 시민에게 위협이 될 우려도 있지요. 제가 살았던 관악산 기슭에도 텃밭이 조성되어 있어서, 당국에서 지속적으

도판 19 　경기 파주시 월롱면 영태리의 대전차방어 시설 사이에 조성된 텃밭 (2020년 3월)
도판 20 　충북 청주시 흥덕구 봉명동의 아파트 공터에 조성된 텃밭 (2019년 7월)
도판 21 　경기 양주시 장흥면 부곡리의 철로 사이에 조성된 텃밭 (2020년 5월)

로 경고문을 게시해 왔습니다. 한동안은 텃밭을 조성하지 말라는 경고문을 비웃듯 바로 그 경고문 옆에 텃밭이 조성되어 있었지만, 결국 행정 당국이 강경하게 나서서 텃밭을 모조리 갈아엎었습니다. 열차, 북한의 전차, 산사태를 무릅쓰고 어떻게든 텃밭을 일궈야겠다는 이런 모습을 볼 때마다 제 머릿속에는 "불굴의 텃밭 정신"이라는 말이 저절로 떠오릅니다.

꽃과 함께하는 도시 답사

이 장의 마지막으로, 계절마다 바뀌어 가며 피는 꽃을 관찰하는 도시 답사 방법을 소개합니다. 꽃을 관찰한다고 하면 많은 분은 식물원이나 공원에 가야 한다고 생각하겠지만, 실은 도시야말로 꽃밭입니다. 단독주택 단지든 아파트 단지든 오피스텔 지역이든 모두, 달마다 번갈아 피는 꽃을 관찰하다 보면 1년이 금방 갑니다.

먼저 3월은 매화와 목련이 인상적입니다. 특히 저는 지난 10여 년 사이에 매화의 아름다움을 새삼 깨달았습니다. 한국에서는 매화라 하면 매란국죽(梅蘭菊竹)이라고 하여 올곧은 선비 정신을 상징한다는 식의 이야기가 따라붙다 보니, 예전에는 별 관심이 없었습니다. 그러다가 일본에 유학할 때 살던 집 근처의 절에서 매화를 보고는 그 꽃 자체의 아름다움에 눈떴지요.

한편 목련은 경기도 수원시의 어떤 단독주택에서 그 아름다움을 깨달았습니다. 몇 달 뒤에 철거될 예정이던 그 집에는, 이미 사람들이 모두 떠나고 '철거'라는 글자만 적힌 담벼락 너머로 하얀 목련이 활짝 피어 있었습니다. 주민이 모두 떠나고 머지않아 세상에서 모습을 감출 마을에 활짝 피어 있던 꽃은 너무나도 처연하게 아름다웠지요.

4월은 벚꽃과 라일락입니다. 비염이 있어서 냄새를 잘 맡지 못하는 제게도 특히 라일락 향기는 또렷이 느껴집니다. 라일락은 단독주택이 밀집한 골목에서 쉽게 볼 수 있고, 단독주택 단지가 아파트 단지로 재건축되면 베어집니다. 이러니 라일락은 단독주택에서 고층 아파트 단지로 주거 형태가 바뀌고 있는 한국 도시를 상징하는 꽃이라 할 수 있습니다.

도판 22   경기 수원시 권선구 세류동의 목련 (2020년 3월)

5월은 장미와 아까시꽃입니다. 그리고 6월부터 9월 무렵까지는 수국, 능소화, 개망초 등이 핍니다. 고등학생 때 살던 아파트 옆 공터에서 장맛비에 젖어 있는 수국을 보고는 그 아름다움을 깨달았습니다. 유학 가서 살던 일본 도쿄도 외곽 히노시의 어느 산속에서 본 수국과 지장보살상은

도판 23 　　서울 구로구 가리봉동의 수국 (2022년 6월)

무시무시한 괴담의 한 대목을 떠올리게 했지요. 최근에는 서울 구로구 가
리봉시장 뒤편의 주택단지에서 본 핑크빛 수국이 참 이뻤더랍니다. 한편
얼마 전에 철거된 충청북도 청주시의 봉명주공아파트 단지는 능소화와
단층 주공 아파트가 잘 어울리는 마을이었습니다.

7월과 8월은 포도. 앞서 소개한 것처럼 단독주택 정문 위에 조성된 포도밭이 이 무렵의 도시 답사에서 특이한 포인트가 되어 줍니다.

가을이 되면 10월에는 코스모스, 11월에는 은행잎과 단풍잎이 눈에 띕니다. 물론 붉은 단풍은 품종에 따라서 이 시기뿐 아니라 사계절 내내 볼 수 있기도 합니다.

그리고 겨울. 꽃은 모두 지고 상록수의 초록 잎과 눈의 흰빛만이 도시에 남습니다. 이렇게 한 해의 도시 답사가 끝납니다.

도판 29　　서울 영등포구 당산동1가의 은행잎 (2017년 11월)

05

냉면과 청요리와 누룩

: 한식의 어제, 오늘, 내일

'면'스플레인은 그만

전라도로 출장 간 사람이 그곳에서 괜찮은 평양냉면 가게를 찾을 수 없었다고 합니다. 그래서 그분은 '6·25전쟁 때 한반도 북부에서 피란 온 사람들이 주로 부산 방향으로 이동하며 평양냉면을 퍼뜨렸기 때문에 전라도에는 괜찮은 평양냉면 가게가 없는 것이 아닐까?' 하고 추측했다고 합니다. 이 장에서는 이 이야기에 대해 생각해 보겠습니다.

제 아버지 집안은 평안북도 구성이라는 곳에 살았습니다. 그러다가 일본이 항복하고 한반도 북부에 공산주의 정권이 들어서면서, 아버지 친척들은 스파이를 고용해 몇 사람씩 삼팔선을 넘어 남쪽으로 왔지요. 첩자를 고용해서 친척들을 한국으로 빼 오는 작업을 주도한 할아버지는, 정부 기관에 근무하며 전국 곳곳으로 전근을 다녔습니다.

도판 1   부산 서구 임시수도기념관에 걸려 있는 사진들

그렇게 부산에서 근무하던 어느 날, 평양냉면이 너무 먹고 싶어 한밤중에 지프차를 몰고 전라도 광주까지 가서 먹고 왔다고 합니다. 평안도 출신인 할아버지가 만사 제쳐 놓고 달려갔을 정도로 맛있는 평양냉면 식당이 전라도 광주에 있었던 것입니다.

광주뿐이 아닙니다. 충청도와 전라도의 경계에 자리한 군산, 황해도와 인접한 인천에도 훌륭한 평양냉면 식당이 많지요. 한국의 서쪽 지역에 훌륭한 평양냉면 식당이 있는 까닭은 6·25전쟁 때 LST('Landing Ship, Tank', 전차양륙함)가 북한 서해안 지역의 피란민들을 실어다 이곳에 내려 줬기 때문입니다. 함흥냉면이 함경도 흥남에서 LST를 타고 동해안 라인을 따라 부산까지 내려왔다면, 평양냉면은 평안도와 황해도에서 LST를 타고 서해안 라인을 따라 인천, 군산, 목포, 그리고 광주 등지에 전해졌습니다.

요즘에는 '평양냉면' 하면 서울, '함흥냉면' 하면 부산이라는 식의 공식이 있는 듯하지만 예전에는 그렇지 않았습니다. 부산 임시수도기념관에는 평양 음식인 어복쟁반을 판다는 냉면집 간판이 찍힌 1953년 부산역 앞 거리 사진이 걸려 있지요. 비슷한 시기에 '서부면옥'(西富麵屋)이라는 평양냉면집 간판이 찍힌 부산 거리 풍경 사진도 본 적이 있습니다. 평양냉면 식당은 당시 전라도 광주에서도, 경상도 부산에서도 번성하고 있던 것입니다.

그렇다면 평양냉면은 6·25전쟁 때 피란민들이 처음으로 한국에 소개한 음식일까요?《조선일보》1931년 5월 17일 자에는 전라도 광주 시내에 화재가 발생해 '조일냉면옥'(朝日冷麵屋)이 피해를 당했다는 기사가 실렸습니다. 또한 식민지 시기의 인기 대중잡지인《별건곤》1933년 7월 호 표지에는 '냉면옥' 가게 간판이 그려져 있습니다. 조선 시대부터 유명했던 평안도의 평양냉면과는 별도로, 식민지 시기에 이미 평양냉면은 한반도 전역에서 팔리고 있던 것입니다.

나아가, 예전 냉면이 겨울 음식이었다면 요즘 냉면은 여름 음식이 되었습니다. 예전에는 여름만 되면 냉면을 먹고 집단 식중독에 걸렸다는 기사가 종종 신문에 실렸습니다. 냉장고가 없던 시절이라 국물을 우려내는 고기와 냉면 육수가 빨리 상했고, 겨울에 강의 얼음을 떠다가 여름에 쓰다 보니 수인성 질병을 일으키는 세균에 노출된 것이 원인입니다.《조선일보》1955년 8월 13일 자에서는 충청남도 강경에서 냉면을 먹은 사람들이 장출혈로 급사했다는 소식을 전하기도 했습니다. 겨울 음식이던 냉면을 여름 음식으로 바꿔 준 것은 조미료 회사 '아지노모토'[味の素]가 개발한 글루탐산나트륨(MSG), 그리고 냉장고의 보급이었지요.

도판 2　　　《별건곤》1933년 7월 호 표지 그림

　그처럼 한국의 평양냉면은 수백 년에 걸쳐 쉼 없이 형태를 바꿨고 지역을 옮겨 다녔습니다. 이러한 변화 과정에 대해서는 여전히 밝혀지지 않은 부분이 많습니다. 그래서 평양냉면을 먹을 때마다 저는 생각합니다. '나는 평양냉면을 잘 모른다'고 말이지요. 북한을 방문한 한국의 정재계 인사들에게 평양냉면 '제대로' 먹는 법을 알려 주는 북한 사람들도, 실은 평양냉면을 잘 모르는 것입니다. 식민지 시기부터 한반도 남부 사람들이

인천 교동도의 황해도식 냉면 (2022년 1월)

즐겨 먹었고, 6·25전쟁 탓에 독자적인 길을 걷게 된 한국 평양냉면의 역사를 오늘날 북한 사람들이 어찌 알겠습니까. 중국 동북부의 평범한 가정 요리이던 자장멘[炸醬麵]이 20세기 중반 한국에서는 짜장면, 일본에서는 모리오카자자멘[盛岡じゃじゃ麵]이라는 서로 다른 음식으로 각각의 지역에서 컴퍼트 푸드(comfort food, 마음을 위로해 주는 음식)가 된 것처럼, 현대 한국의 컴퍼트 푸드인 '한국 평양냉면' 역시 북한의 평양냉면과는 다른 음식입니다.

다만 제가 아는 것이 하나 있습니다. 누군가 평양냉면을 잘 안다고 주장한다면, 그 사람은 평양냉면이 겪은 수백 년의 역사를 모른다고 고백하는 것이라는 사실입니다. 그러니 평양냉면 애호가 여러분, 자기가 아는 방식만이 맞다면서 주변 사람들에게 당신의 방식을 강요하지 않기를 바랍니다. 이런 맨스플레인(mansplain) 아닌 면스플레인(麵splain)을 들을 때마다, 냉면은 젓가락으로 면을 들어서 식초를 뿌려 먹어야 한다는 김일성 교시를 듣는 듯해 체할 것 같습니다.

자유민주주의 국가인 한국의 시민 누구에게나, 자신만의 평양냉면 먹는 방법을 개발함으로써 평양냉면 발전에 참여할 권리가 있습니다. 그러니 면스플레인 여러분, 같이 간 분들이 가위로 면을 자르든 식초를 육수에 뿌리든 달걀을 나중에 먹든 부디 상관하지 마시라.

원 테이블 한중일

우리가 즐겨 찾는 중국집에도 답사할 만한 포인트가 풍부하게 숨어 있습니다. 여러분이 중국집에 가거나 배달시킬 때 가장 흔히 주문하는 음식은 아마도 짜장면, 짬뽕, 볶음밥, 탕수육이겠습니다. 이들 음식이 나올 때는 단무지, 양파, 춘장이 함께 따라 나올 것이고 볶음밥을 시켰다면 김치가 나오기도 할 테지요. 그리고 만약 이들 음식을 모두 시켰다면 서비스 메뉴로 군만두도 따라 나올 것입니다. 중화권에서 한반도로 들어온 짜장면·탕수육·군만두·춘장, 중화권에서 일본을 거쳐 한반도로 들어온 짬뽕과 양파, 그리고 한반도의 김치까지 한데 모인 이 테이블 위에는 100여 년간 한반도 주민들이 경험한 아시아 문화가 응축되어 있습니다.

잘 아시다시피 짜장면은 자장멘이 한국화된 것입니다. 산둥반도의 본토 자장멘은 한국의 짜장면에 비해서 그릇이 작고 소스는 갈색에 가깝습니다. 일본이 제2차세계대전에서 패하기 전에 만주 지역에 살던 일본인 다카시나 간쇼는, 일본이 패한 뒤에 고향 모리오카로 돌아와서 그 맛을

도판 4   인천 부평구 덕화원의 나무 간판과 간짜장·단무지·양파·춘장 세트 (2020년 4월)

도판 5   충북 영동군 동성루의 볶음밥·단무지·양파·춘장·김치·김칫국 세트 (2022년 12월)
도판 6   중화권의 자장멘

재현하고는 자자멘이라 이름 붙였습니다. 이 자자멘의 소스도 중화권의
자장멘과 비슷한 갈색인 것으로 보아, 한국의 짜장면 소스가 검은색인 것
은 한국적 변형이라 할 수 있지요. 전라북도 익산시 구도심의 중국집에는

도판 7   일본의 모리오카자자멘
도판 8   전북 익산시 야래향의 된장짜장 (2020년 11월)
도판 9   사자표 춘장

'된장짜장'이라는 메뉴가 있는데, 이 된장짜장이 자장멘이나 자자멘과 가까운 짜장면의 원형을 유지하고 있는 듯합니다.

한반도에서 짜장면을 만들 때 쓰는 춘장도 처음에는 이처럼 갈색이었을 것입니다. 원래 춘장은 된장이나 고추장처럼 각 가게에서 담가 쓰던 소스였지요. 여기에 캐러멜을 넣어 단맛이 나고 검은빛이 강한 '사자표 춘장'이 1950년대에 시판되면서 지금과 같이 달고 검은 춘장이 전국을 평정했습니다.

춘장은 짜장면을 만들 때도 들어가지만, 춘장 자체로도 양파와 함께 내어집니다. 짜장면을 먹을 때 춘장에 양파를 찍어 먹는 것은 아무래도 춘장이 겹치는 느낌이 들어서 좀 그렇지만, 짬뽕이나 볶음밥을 먹을 때는 달콤 짭짤한 춘장과 매운 양파의 조합이 음식 맛을 돋워 줍니다. 사실 양파도 한반도 주민들이 먹은 지 100여 년밖에 되지 않았습니다. 1908년에 최초로 원예모범장(園藝模範場)이라는 곳에서 시험 재배가 되었고 1909년 본격적인 재배에 성공했지요. 하지만 1963년 경상남도 창녕군의 성재경이라는 사람이 경화회(耕和會)라는 농민 단체를 결성해 양파 재배를 확대하면서부터 비로소 양파는 한국인에게 친숙한 요리 재료가 되었고, 중국집 테이블에도 오르기 시작했습니다. 창녕군은 이러한 사실을 널리 알리기 위해 양파 시배지 기념물을 제작했습니다.

도판 10　경기 수원시의 옛 농촌진흥청 부지에 있는 권업모범장 표지석 (2019년 3월)

참고로 원예모범장은 1906년 통감부가 권업모범장(勸業模範場)을 개설한 뒤 1910년에 그 부속 시설로 통합됩니다. 권업모범장은 이후 여러 차례 이름을 바꾸며 오늘날의 농촌진흥청이 되었습니다. 이렇게 해서 춘장과 양파가 한국인의 식탁 위에 갖춰졌지요.

한편 춘장과 양파와 함께 나오는 단무지는 예전에 다꽝 또는 다꾸앙이라 불렸으며, 일본어로는 다쿠안즈케[沢庵漬け]라고 합니다. 다쿠안즈케는 일본의 승려인 다쿠안 소호(1573~1646)가 처음 만들었다는 설이 있어서 그런 이름이 붙었습니다. 일본의 다쿠안즈케는 지금도 일식집에 가면 맛볼 수 있는데, 한국의 단무지보다 꼬독꼬독한 느낌이 듭니다. 한국의 중국집과 분식집에서 나오는 단무지 또한, 일본의 다쿠안즈케에서 비롯했으되 한국인의 미감(味感)에 맞춰 한국화한 음식입니다.

그렇다면 한반도에서 짜장면을 최초로 만들어 판 곳은 어디일까요? 바로 1905년 인천 개항장에서 개업한 공화춘(共和春)입니다. 최근에는 이

도판 11   20년 전 공화춘 간판 (2003년 6월)

공화춘 건물이 짜장면박물관으로 바뀌었는데, 20년 전에 그곳을 답사했
을 때는 폐가 상태의 건물 바깥에 색 바랜 공화춘 간판이 걸려 있는 모습
이 인상적이었습니다.

　된장짜장을 판매하는 전라북도 익산시의 중국집 주인분은 냉동 만두
가 아닌 손수 빚은 만두를 손님에게 내놓는 데 자부심을 품고 있습니다.
영화 〈올드보이〉(2003)의 원작인 일본 만화 『올드보이[ルーズ戦記 オールド
ボーイ]』(1996~1998)에서도, 가게마다 주인장이 만두를 직접 만들기 때문
에 각각의 만두 맛이 다르다는 점이 스토리 전개의 중요한 포인트입니다.
여러분도 잘 알다시피 영화에서도 군만두가 스토리 전개에 영향을 미치
지요. 하지만 한국의 중국집에서는 많은 경우, 시판되는 냉동 만두를 사
다 쓰기 때문에 가게들의 군만두 맛이 비슷하다는 점에서 영화의 개연성
이 약해진 감이 있습니다. 중화요리에서는 만두가 독립적이고 중요한 요
리이기 때문에, 전통 있는 중국집에서는 짜장면과 짬뽕을 판매하지 않고

도판 12　전북 익산시 야래향의 메뉴판과 수제 군만두 (2020년 11월)

도판 13　일본 나가사키현 나가사키시 시카이로의 잔폰

　다양한 만두를 판매하는 만두 전문점으로서 가게의 정체성을 설정하는 경우도 있습니다.

　하지만 중국집의 양대 메뉴를 꼽으라면 뭐니 뭐니 해도 짜장면과 짬뽕일 것입니다. 이 가운데 짬뽕의 원형은 일본의 잔폰[ちゃんぽん]이지요. 잔폰은 1899년 일본 나가사키에 시카이로[四海樓]라는 중화요릿집을 개업한 천핑순이, 청나라에서 유학 온 동포들에게 값싸고 영양가 높은 음식을 제공하기 위해 고안한 것으로 알려져 있습니다. 원래 잔폰은 하얀 국물이 특징인데, 이것이 한반도에 들어오며 고춧가루와 결합해 한국식 빨간 짬뽕이 되었습니다. 잔폰의 원형은 푸젠성 요리라고 하니, 짜장면과

자자멘이 청나라·중화민국 북방에 기원을 둔 요리라면 잔폰과 짬뽕은 남방에 기원을 둔 요리라 할 수 있지요. 한반도에 들어온 잔폰이 고춧가루를 만나 매워지고 반찬으로 김치까지 덧붙여지면서, 기름진 중국집 메뉴에 한국적인 매운 포인트가 첨가되었습니다.

이제 '부먹'과 '찍먹' 논쟁의 한가운데에 서 있는 탕수육이 등장할 차례입니다. 산둥반도에서 한반도로 건너온 타이완 국적 화교들이 운영하는 화상(華商) 중국집에서는 탕수육을 주문하면 맑고 끈적한 소스를 처음부터 부어 내오는 것이 일반적입니다. 참고로 똑같이 중화요리에서 유래한 일본식 탕수육인 스부타[酢豚]는, 겉보기에는 한국의 탕수육과 비슷하지만 소스에 끈적한 느낌이 없습니다.

원래의 한국식 중화요리 맥락에서 봤을 때 부먹·찍먹보다 더 중요한 구분은 '고기튀김을 소금과 후추에 찍어 먹느냐, 아니면 고기튀김에 소스를 끼얹어 먹느냐?'입니다. 요즘에는 중국집에서 고기튀김에 시큼하고 끈적한 소스를 끼얹는 탕수육만 내놓는 경우가 많지만, 전통 있는 화상 중국집에서는 고기튀김과 탕수육을 철저히 구분합니다. 그리고 역사가 더 오래된 화상 중국집에서는 고기튀김이 아닌 '덴부라', '덴뿌라' 등의 일

본어식 이름을 사용합니다. 물론 이것은 일본 요리의 덴푸라[天ぷら]와 다른 종류의 음식이지요. 그러한 점을 종합하면 고기튀김, 덴부라, 덴뿌라라는 요리가 이미 식민지 시기부터 한반도에 존재했으리라고 추정할 수 있습니다.

고기튀김을 덴뿌라라고 메뉴판에 적어 놓은 서울 동작구의 중국집 '대성관'은 여러모로 흥미로운 존재였습니다. 이 중국집이 자리했던 동작구 대방동 일대는 식민지 시기 말기에 조성된 신도시입니다. 그래서 대성관 건물은 물론, 건물 주변의 블록들도 1940년대 초의 공간 구조를 유지하고 있었지요. 식민지 시기 경성에서 실행된 마지막 도시계획의 결과라고 할 수 있는 이 공간에서, 식민지 시기의 요리 이름인 덴뿌라를 유지하는 유서 깊은 화상 중국집이 영업했던 것입니다. 하지만 안타깝게도 대성관은 2020~2022년 코로나19 유행에 따른 불황을 이기지 못하고 폐업했습니다.

대성관 입구에는 간판 두 개가 있었습니다. 하나는 세로로 입구 옆에 매단 나무 간판이고, 또 하나는 가로로 정문 위에 건 평범한 간판입니다. 나무 간판은 오래된 중국집이라면 반드시 있는 필수 아이템입니다. 많은

도판 17　　서울 동작구 대성관의 간판과 메뉴판 (2019년 10월)

중국집에서는 옛 나무 간판을 버리지 않고 한쪽 구석에라도 놓아둠으로써 가게의 정체성을 유지합니다.

　한편 대성관 정문 위에 걸린 가로 간판에는, 가게 이름의 양쪽에 '대중식사'와 '중화요리'라는 글자가 각각 적혀 있었습니다. 역사가 깊은 중국집에서는 짜장면이나 짬뽕 같은 대중식사와 연회용 요리인 중화요리를 구분하는 것이 일반적입니다.

　대중식사와 중화요리는 중국집 메뉴판에서 각각 식사부와 요리부에 해당하지만, 이렇게 두 가지를 구분해서 간판에까지 표시해 둔 중국집은 전통이 깊고 요리 전반에 자신 있는 식당으로 판단해도 좋을 것입니다. 참고로 대중식사를 '중국경식'(中國輕食), 즉 '가벼운 식사용 중화요리'라 적은 곳도 있습니다.

　냉동 만두를 사서 쓰지 않고 손수 빚는 중국집, 짜장면과 짬뽕을 팔지 않고 만두만을 전문적으로 판매하는 중국집, 고기튀김·덴부라·덴뿌라와 탕수육을 구별하는 중국집, 대중식사와 중화요리를 간판에서 구분하는 중국집. 이렇게 지난 100여 년 동안 한반도에서 나름대로 형태를 갖춰 온

도판 18   전북 군산시 빈해원의 내부 공간 (2007년 4월)
도판 19   경남 창원시 원해루의 외관 (2019년 2월)

'한국식 중화요리'를 '청요리'(淸料理)라 부릅니다. 대청제국(1633~1912)이 있던 때에 한반도로 건너온 화교들이 퍼뜨린 요리라는 뜻입니다. 예전에는 외국 선원들까지 찾아왔던 전라북도 군산 내항 근처의 빈해원, 중화민국의 장제스 총통이 이승만 대통령과 회담하기 위해 1949년 경상남도 진해를 찾았을 때 들러 식사한 것으로 유명한 원해루 등은 한국식 중화요리를 내놓던 옛 시절의 공간 구조까지도 그대로 유지하고 있는 귀중한 문화유산입니다.

화교들은 철도와 뱃길을 따라 한반도의 서북부에서 동남부로 이동하며 청요리를 전파했습니다. 특히 경상도 지역에서는 청요리가 또 한 번의 독자적인 발전을 이뤄 냈습니다. 경상도식 청요리의 3대 스타 메뉴라 할 야끼우동·중화비빔밥·야끼밥, 경상도식 청요리 만두인 찐교스와 꾼만두,

도판 20   대구 중구의 만두 전문점인 영생덕 (2019년 8월)

도판 21   경기 수원시의 만두 전문점인 수원만두 (2021년 11월)

도판 22   경기 안성시 영흥루의 볶음밥 (2020년 1월)

도판 23   인천 부평구 회락춘의 간짜장 (2020년 10월)

도판 24   경북 경주시 신생옥의 돈부리 (2021년 11월)

그리고 돈부리와 광동면 등 이곳에는 다른 지역에서 쉽사리 볼 수 없는
독자적인 청요리의 세계가 존재합니다. 방문하신다면 경상도식 청요리
를 꼭 맛보시길 권합니다.

이렇게 다채로운 모습을 보이면서 지난 100여 년간 번성한 한국식 중
화요리 '청요리'는, 분명 중화요리에서 파생했지만 한반도에서 토착화를
이루며 '한식'(韓食)의 일부가 되었습니다. 중화요리가 전 세계에 퍼져 있
지만 한국식 중화요리 '청요리'를 내놓는 중국집 또한 전 세계에 존재합
니다. 현지 사람들은 현대 화교들의 중화요리와 한국식 중화요리 사이에

도판 25 　　경기 연천군의 명동반점 (2018년 2월)
도판 26 　　경기 의정부시의 송산반점 (2018년 3월)

존재하는 맛의 차이를 알아채고는, 코리아타운에 와서 한국식 중화요리
인 청요리를 주문합니다.

　하지만 중화인민공화국의 한인(漢人)과 조선족이 한국으로 건너와 중
국집 주방에서 근무하게 되면서, 한반도에서는 청요리의 맛이 사라지고
있습니다. 그리하여 고기튀김이 사라지고 탕수육만 남거나, 간짜장과 볶
음밥에서 달걀 프라이가 사라지는 등의 변화가 일어나고 있지요. 조선 시
대에 존재하던 음식만을 '한식'이라 생각하는 사람이 많다 보니, 근대에
한식으로 편입된 '청요리'에 대해서는 상대적으로 관심을 덜 보이는 듯합
니다. 이 점을 아쉬워하는 저는 전국 곳곳을 답사하며 그 지역의 오래된
중국집에 찾아가 사진을 찍고, 먹어서 그 맛을 기억해 두려 노력하고 있
습니다.

　대도시가 아닌 지역의 중국집은 인구가 줄고 상권이 쇠퇴하면서 차
례로 폐업하고 있습니다. 전국 곳곳을 답사하면서 과거에 맛있는 청요리
를 내놓았을 것 같은 멋진 외관의 중국집 건물을 종종 마주칩니다. 이 중
국집들은 어떤 경로를 거쳐 이곳에 자리 잡게 되었고, 또 이곳에서는 어
떤 청요리를 내놓았을까 생각하면 안타까워집니다. 제가 가 보지 못했지

만 맛 좋고 유서 깊은 청요리를 만들고 있는 중국집이 전국 곳곳에 아직 많습니다. 지난 100여 년 동안 한반도가 겪은 역사를 담고 있는 그곳의 청요리를 부디 사진과 글로 기록해 주시기 바랍니다. 그리고 무엇보다 그곳을 애용하는 것이, 여러분 각자의 고향에서 앞으로도 한국식 중화요리 '청요리'의 전통이 이어질 수 있는 가장 좋은 방법입니다.

누룩과 도시 재생

몇 년 전, 충청북도 제천시 명동 194-2번지에 자리한 옛 중앙곡자 건물이 주차장으로 바뀌었습니다. 곡자(曲子)는 누룩이라는 뜻으로, 중앙곡자는 막걸리를 만들 때 쓰는 누룩 제조 공장이었지요.

부산의 금정산성 누룩 마을처럼 조선 시대부터 시작되었다는 누룩 제조 지역도 있지만, 오늘날까지 이어지는 누룩 공장은 20세기에 직접적인 기원을 둡니다. 1925년 한반도 전역에 3만 6,273곳으로 추정되었던 누룩 공장은 그 뒤로 급격히 수가 줄어들었고, 광복과 6·25전쟁을 거치며 폐업과 창업이 잇따랐습니다. 현재까지 한반도 남부에서 명맥을 잇는 곳을 꼽자면 경상남도 진주시의 진주곡자, 광주 광산구의 송학곡자, 부산 금정구의 산성누룩 정도입니다. 사정이 이러하니, 곡자라는 단어를 상호에 넣은 누룩 공장은 그 존재 자체로서 귀중한 근현대 한국의 유산이라고 하겠습니다.

충청북도 제천시의 중앙곡자는 1962년에 흙벽돌, 목조, 시멘트를 혼합한 양식으로 지은 건물에서 2011년까지 영업했습니다. 그 뒤 이 건물을

도판 27   철거되기 전 중앙곡자 건물 (2020년 10월)

제천시의 근대건축 유산으로 지정하자는 움직임도 있었지만, 결국 전부 철거하고 그 자리에 승용차 45대를 수용하는 공영 주차장을 만들기로 확정되었지요.

이 소식을 뉴스에서 접한 저와 답사 팀은 급히 제천을 찾아갔습니다. 실제로 가서 보니, 근대건축물이 별로 없는 제천에서는 보기 드물게 잘 보전된 건물이었습니다. 뿌리깊은나무 출판사에서 간행한 『한국의 발견: 충청북도』(1983) 가운데 제천시 항목을 보면, 오랜 역사에 비해 제천에는 역사의 흔적이 많지 않다는 사실이 언급됩니다.

> 역사에서도 궁벽한 변두리 지역으로 밀려나 있었기 때문에 오랜 역사를 가졌으면서도 옛 시대의 그림자가 별로 남아 있지 않은 신흥도 시로서의 모습을 띠고 있다.
>
> ― 『한국의 발견: 충청북도』, 뿌리깊은나무, 1983: 139쪽.

1980년대에 위와 같은 평가를 받은 바 있는 제천시에서, 고풍스러운 중앙곡자 건물은 한층 더 희귀한 역사적 유산이라 평가할 수 있었습니다. 현대 초기에 창업한 누룩 공장들 가운데 원형이 잘 남아 있는 드문 사례라는 점에서 전국적으로도 상당한 가치를 지녔지요.

'중앙곡자 건물 철거'에 대해서 저는 세 가지를 말씀드리고 싶습니다. 첫째, 공영 주차장이 늘어나는 것은 저같이 면허가 없는 사람에게는 공공이 세금으로 운전자들에게만 특혜를 베푸는 것으로 느껴진다는 사실입니다. 더욱이 공공이 주차장을 운영하면 민간이 주차장 사업에 뛰어들 이점이 없어져서 주차난이 가중되는 악순환이 일어납니다. 주차장은 민간에서 운영함으로써 수익사업화해야 하며, 공영 주차장은 최소한으로만 건설되어야 합니다.

둘째, 가까운 미래에 자율 주행이 활성화하면 주요 장소 가까이에 주차장이 마련되어야 할 필요성이 약해집니다. 2020년 10월, 손 마사요시(손정의) 일본 소프트뱅크그룹 회장은 '과거의 주요한 이동 수단이던 승마가 자동차의 등장 이후 귀족적인 취미로 전락했듯, 사람이 하는 운전도 자율 주행의 본격적 도입 이후에는 사치스러운 취미로 남을 것'이라고 말했습니다(《헬로디디》 2020년 10월 29일 자 「손정의-젠슨 황 "과거 10년 스마트폰… 미래 10년 AI"」). '인간이 운전하면 위험하므로 인간의 운전을 금지한다'는 사회가 올 날이 그리 머지않았지요. 그때가 되면, 불과 10여 년을 내다보지 못하고 지역의 중요한 유산을 주차장과 맞바꿔 버린 일을 후회할 것입니다. 지난 10~20년 사이에 주차장을 만들겠다고 철거한 근현대의 귀중한 건물과 마을이 너무나도 많습니다.

셋째, 이런 독특한 역사와 형식을 갖춘 건물을 살려서 제천 시립 막걸리 박물관을 만든다거나 민간사업자에게 임대해 '막걸리 바'로 활용했으면 어땠을까요? 그랬다면 제천에 있던 한국철도공사 충북본부도 폐지된 마당에, 지역 재생의 거점이자 관광자원으로서 중앙곡자 건물이 앵커 스토어(anchor store)가 될 수 있었을 터입니다. 베리나인 같은 국산 위스키의 성지인 전라북도 군산시에는 지역의 역사성을 살린 청주(清酒) 바가 잇달아 개업하고 있습니다. 제천에는 60년의 역사를 지닌 중앙곡자 건물이 원형대로 남아 있었으니, 그 상징성이 더욱 컸을 터입니다.

현지의 뜻있는 분들이 보존 운동을 벌였음에도 불구하고 결국 중앙곡자 건물은 철거되었으며, 현재 그 땅에는 계획대로 공영 주차장이 마련

도판 28 　중앙곡자 건물이 철거되고 남은 흔적 (2020년 12월)

되어 있습니다. 그럼에도 제가 이 글을 쓴 이유는, 중앙곡자 건물 같은 현대 한국의 훌륭한 문화유산이 사라지는 것을 슬퍼하는 사람이 전혀 없지는 않았음을 후세에 전하고 비슷한 사례가 다른 지역에서 되풀이되지 않도록 하기 위함입니다.

　타지에서 생활하는 제가 이런 글을 쓰면 제천 분들이 편치 않게 느낄수 있으리라는 사실은 능히 짐작됩니다. 그러나 중앙곡자 건물이 지닌 역사적·문화적 가치는 비단 제천이라는 특정 지역에 한정되는 것이 아니라 전국적 차원에서 평가받을 만했습니다. 막걸리가 한류의 한 흐름으로서 세계인의 더 큰 주목을 받게 된다면, 중앙곡자 건물을 남기지 않은 데 대한 아쉬움은 더욱더 커질 것입니다. 덧붙여, 이곳 누룩 발효실 내부 설비 가운데 훼손되지 않은 일부는 제천한방엑스포공원 국제발효박물관으로 옮겨 가고 나머지는 별도 보관할 예정이라 합니다. 어떤 일이 있어도 중앙곡자 건물을 주차장 45면과 맞바꿔야겠다면 훼손 여부를 떠나 건물과 회사의 역사에 대한 조사, 그리고 발효실 내부 설비의 전체 보존이 필요할 것입니다. 그것이 미래 세대에게 현재 세대가 다할 수 있는 최소한의 의무입니다.

06

민가

: 한반도 주거의 다양한 세계

한옥이란 무엇인가

'한옥'이라 하면 아마도 여러분은 나무로 틀을 만들고 기와를 지붕에 얹은 양반들의 집을 떠올릴 듯합니다. 하지만 원래 한옥은 기와집뿐 아니라 초가집, 띠 집, 굴피 집, 너와집 등을 포함하는 넓은 개념입니다. 여러분이 떠올리는 조선 시대 양반의 집은 이렇게 다양한 한옥 가운데 하나인 기와집에 해당합니다.

사실 한옥이라는 단어 자체가 '한국 시민, 한민족이 사는 집'이라는 뜻이니 원래대로라면 오늘날 한국 시민들이 살고 있는 단독주택, 아파트, 빌라까지도 모두 한옥에 포함되어야 할 것입니다. 그러나 한옥이라고 하면 대체로 근대 이전에 형성된 목조 주택 양식을 가리킨다는 합의가 존재합니다.

2010년 2월 18일 건축법 시행령이 일부 개정되었다. 대통령령의 개정에 불과한 일이지만 한옥의 입장에서는 역사적 사건으로 기록될 만한데, 이때 처음으로 건축법에 한옥이라는 용어가 대두되었기 때문이다. (…) 새롭게 개정된 건축법 시행령은 특별히 한옥에 불리한 몇몇 조항에 대하여 완화 규정을 두는 것을 주 내용으로 한다. 이때 문제가 된 것이 한옥의 범위를 어디까지로 둘지 여부였다. 정부는 전문가들과의 오랜 협의 끝에 '"한옥"이란 기둥 및 보가 목구조 방식이고 한식 지붕틀로 된 구조로서 한식 기와, 볏짚, 목재, 흙 등 자연 재료로 마감된 우리나라 전통 양식이 반영된 건축물 및 부속 건축물을 말한다.'라는 문안으로 최종 정리하였다.

— 전봉희·권용찬, 『한옥과 한국 주택의 역사』, 동녘, 2012: 28~29쪽.

이렇게 개념에 대한 합의가 존재하긴 해도, 역사적으로 한반도 주민들이 살아온 모든 집을 위 개념으로 설명할 수는 없습니다. 여러분이 떠올릴 한옥의 이미지가 형성된 때는 조선 시대 후기인데, 당시 한옥이 한반도의 건물 양식을 대표할 수는 없기 때문입니다.

우리는 흔히 나무로 뼈대를 세우고 기와나 초가의 지붕을 얹은 집들을 한옥이라고 부른다. 한옥은 우리의 고유한 형식의 주택 혹은 건축 일반을 가리키지만, 우리가 떠올리는 그런 모습의 한옥이 완성된 것은 그리 오래된 것은 아니다. 크게 보면 조선 시대, 좁게 보면 조선 후기가 되어서야 비로소 우리가 지금 알고 있는 것과 같은 모습의 한옥이 우리나라의 전 지역, 전 계층의 사람들에게 사용된다. 그러므로 한옥은 한민족의 주택 형식이라기보다는 조선 시대의 주택 형식이라고 보는 것이 더욱 정확하다.

— 전봉희, 『전근대 서울의 주택』, 서울역사편찬원, 2017: 67~68쪽.

민가의 다양한 형태

1970년대까지 특히 농촌 지역 민가는 대부분 초가집, 띠 집, 굴피 집, 너와집 등이었습니다. 초가집은 볏짚 등으로 지붕을 인 집이고, 띠 집은 말 그대로 볏과의 여러해살이풀인 '띠'로 지붕을 올린 집입니다. 농촌의 대표적인 민가가 초가집과 띠 집이라면, 참나무의 두꺼운 껍질로 지붕을 덮은 굴피 집과 널판으로 지붕을 올린 너와집은 산촌에서 많이 만들어지던 민가였습니다.

내무부에서 편찬한 『민족의 대역사』(1979)는 당시 농촌 지역에 기와집이 거의 없고 대부분 초가집이었음을 거듭 강조합니다. 전라북도 남원시 산동면 대기리의 대촌마을은 "전 농가 중 기와집은 단 2동밖에 되지 않는 초가 마을이었고", 경상북도 김천시 신음동 부거리마을 역시 "150여 가구에 기와집이라곤 마을 뒤에 위치한 황씨 고가를 합쳐 4세대밖에 없었"다고 소개합니다. 형문출판사에서 펴낸 『새마을운동』(1980)에도 경상북도 성주군 초전면 동포리 동산마을에 대하여 "1970년까지만 해도 마을 호수는 모두 해서 약 50호에 기와집이라고는 고작 3채밖에 없었다. 그 밖에는 모두가 초가지붕에 흙담이나 돌담으로 둘러진 주거 환경이었다."라고 소개되어 있지요.

도판 1   『월곡·예안 통합 40년사』에 실린 민가 사진

　『민족의 대역사』나 『새마을운동』은 국가정책을 홍보하고자 출판된 책자이니, 그 속에 담긴 내용을 곧이곧대로 믿을 수는 없다고 생각하실지 모르겠습니다. 하지만 1976년 안동댐이 완성되면서 물에 잠겨 사라져 버린 마을들에 대한 기록인 『월곡·예안 통합 40년사』(예안면사무소, 2015)에 실린 1970년대 경상북도 안동군 예안면 사진을 보더라도, 대부분의 집은

초가집이며 기와집은 띄엄띄엄 눈에 띄고 몇몇 집은 양철집과 함석집입니다. 이는 경상도뿐 아니라 전국적으로 공통된 상황이었습니다.

> 1970년대 초만 해도 동네는 온통 초가집이었다. 장날 예산 읍내에 나와 보면 상철 지붕을 한 집이 많았다고 했다. (…) 내 어릴 적엔 누구도 양철집이란 말을 쓰지 않았다. 다들 '상철집'이라고 했고 나도 그렇게 썼다. (…) 이제 '상철집'이 사라진 지도 벌써 오래다.
> — 이명재. 「상철집과 함석집」, 《예산뉴스 무한정보》, 2018. 4. 23.

지붕 개량과 취락 구조 개선

박정희 전 대통령이 직접 작사·작곡했다는 〈새마을 노래〉(1972)의 2절 가사 "초가집도 없애고 마을 길도 넓히고 / 푸른 동산 만들어 알뜰살뜰 다듬세 / 살기 좋은 내 마을 우리 힘으로 만드세"는 지붕 개량 사업, 즉 초가집 퇴치 사업의 목표를 압축적으로 제시합니다. 1973년 대통령비서실이 출판한 국정 홍보 책자인 『새마을』에는 지붕 개량 사업 전후의 마을 모습을 비교한 사진이 나란히 실려 있습니다. 그 사진들을 보면 초가집은 대부분 시멘트기와를 얹은 집이나 양철집, 함석집, 슬레이트 지붕 집으로 바뀌어 있지요.

나무와 흙으로 짓던 집을 시멘트, 벽돌, 양철 등을 이용하는 건축 방식으로 바꾼 것은 이 당시 동시에 진행되던 치산 녹화 10년 계획, 화전민 정리 사업과 그 목표가 같습니다. 하천 상류 지역의 산림을 보호함으로써

도판 2　『새마을』에 실린 민가 사진

하류의 범람을 막고 농업을 진흥한다는 것입니다. 나무 땔감 대신 연탄을 가정용 연료로 쓸 수 있도록 탄광업을 진흥한 것도 마찬가지 목표에서였습니다(배재수·이기봉 『우리나라의 산림녹화 성공 요인』). 이런 의미에서 지붕 개량 운동과 취락 구조 개선 사업은, 박제가가 『북학의』(1778)에서 집 지을 때 나무와 흙 대신 규격화된 벽돌을 사용하자고 주장했던 것이 200년 만에 실현된 결과라 할 수 있지요.

　그러나 박정희 전 대통령은 지붕 개량 운동 당시의 슬레이트 지붕을 가리켜 "속된 말로 시골 사람이 바지저고리에 중절모를 쓴 격"이라 비판했습니다(《동아일보》 1978년 2월 2일 자 「"초가지붕만 개량하는 건 바지저고리에 중절모 쓴 격"」). 지붕만 바꿔서는 농촌의 구조와 농민들의 의식을 바꿀 수 없다고 판단한 것입니다. 이리하여 1978년부터는 취락 구조 개선 사업이 전국적으로 실시됩니다. 전국 농촌의 공간 구조가 근본적으로 바뀌기 시작한 것입니다.

> 1978년은 농촌주택 개량 사업 장기 계획에 의거 전국적으로 많은 물량의 주택 개량을 처음으로 대대적이면서도 본격적으로 시작한 초년도였다.
>
> — 내무부, 『민족의 대역사』, 마을문고본부, 1979: 209쪽.

그처럼 한반도 농촌의 공간 구조를 급진적으로 바꾼 일은 수천 년 역사상 비슷한 사례를 찾기 어렵습니다. 이런 의미에서 1978년은 한국 농촌에서 일종의 문화혁명이 시작된 해라고 할 수 있습니다.

한편 1978년에는 농촌의 집과 마을 공간을 바꾸는 동시에 초가집 보존 사업도 실시됩니다. 1978년 4월 28일, 박 전 대통령은 "농촌에 남아 있는 초가집, 옹기종기 모여 있는 가난한 농촌의 풍경을 일선 행정기관으로 하여금 사진으로 찍어 (…) 하나의 기록으로 남겨 두는 것도 의의가 있으리라고 생각합니다. (특히 자라나는 세대들을 위하여)"라는 편지를 담당 부처 장관에게 보냈지요. 취락 구조 개선 사업이 실시되는 마을에서는 그 지시에 따라 초가집의 사진이 촬영되었고, 일부 초가집은 보존 대상으로 특별히 지정되었습니다.

하지만 특별히 보존해야 한다는 지정이 내려지지 않은 절대다수의 초가집은 양철집, 함석집, 슬레이트 집, 기와집으로 바뀌었습니다. 초가집에 살던 대다수 시민은 좋든 싫든 국가정책에 따랐지만, 이에 정면으로 맞서서 초가집을 지킨 사례도 존재합니다.

도판 3   경기 파주시 오도동의 함석집과 기와집 (2022년 6월)
도판 4   경기 파주시 교하동의 함석집 (2022년 6월)

경기도 고양시 일산동구 정발산동의 밤가시 초가가 이를 대표하는 한옥입니다. 그 집의 주인이던 이경상 선생은 조상 대대로 살아온 집을 지키기 위해 서슬 퍼런 박정희 정권의 공무원들과 맞섰습니다. 이 지역에 특유하게 보이던, 둥글고 가운데에 구멍이 뚫린 'ㅇ' 자 초가집은 그렇게 해서 단 한 채가 살아남았지요.

한편 사진가 김기찬은 1978년에 고양과 서울의 경계에서 정발산동 밤가시 초가와 형태가 똑같은 'ㅇ' 자 초가집의 사진을 찍었습니다. 하지만 이 집은 사진으로만 전해질 뿐, 그 뒤 취락 구조 개선 사업으로 인해 사라지고 맙니다.

수색에서 버스를 내려 화전을 지나 행주산성 쪽으로 가다 보면 초가집이 옹기종기 모여 있는 마을이 나타난다. 그 마을에서 'ㄱ' 자도 'ㄴ' 자도 아닌 'ㅇ' 자 초가집을 보았다.

— 김기찬, 『잃어버린 풍경 1967-1988』, 눈빛, 2014: 24쪽.

기와집, 콘크리트 기와집, 돌기와집

이렇게 한국 정부는 초가집을 없앴지만, 기와집은 남겼습니다. 개중에는 전라북도 남원시 산동면 대기리 대촌마을이나 익산시 여산면 태성리 원태마을의 사례처럼 '백제 문화권임을 드러낸다'는 목표 아래 조선 시대 후기 양식의 기와집으로 주택 개량 사업을 벌인 독특한 경우도 확인됩니다.

> 남원이 옛부터 우리 문화와 전통의 고장임을 감안, 우리 조상의 문화유산을 길이 보존하려는 뜻에서 전부 고유 한식으로 건축하되 그 고증에도 유념하여 담장도 한식 가옥과 어울리게 이조식 담장을 설치키로 하였으며 (…).

> 택지를 조성하여 전통적인 백제 양식의 순수 한옥 15동을 동남간으로, 나머지 1동은 남쪽 방향으로 배치하기로 하고, 주택들은 한국 고유의 건물 유형인 한식 주택으로서 지붕 처마 끝에 부연을 달고 흑색 기와를 사용하여 고전적인 정취를 갖도록 하며 (…).

> — 내무부, 『민족의 대역사』, 마을문고본부, 1979: 782·796쪽.

하지만 이처럼 질기게 생존해 온 기와집과 기와집 단지도 오늘날에는 재건축, 재개발, 택지 개발 등으로 점점 사라져 가고 있습니다. 인천 동구 금곡동, 강원도 춘천시 소양로2가의 기와집골, 서울 영등포구 일대와 성북구 돈암동, 광주 구도심 등 '이들 지역을 남겨 두면 후대를 위해 참 좋을 텐데…' 싶은 기와집 단지들이 지금 이 순간에도 철거되고 있지요.

박정희 전 대통령이 집권하던 시기에는 초가집 철거뿐 아니라 기와집 개량 역시 시도되었습니다. 나무와 흙이 아닌 콘크리트로 집을 짓고 기와를 올림으로써 건물 크기를 키우는 실험을 한 것입니다. 이러한 시도는 제국주의 시대 일본, 그리고 중화인민공화국과 북한에서도 이뤄졌는데 이들 국가와 달리 현대 한국에서는 그런 방식이 전통과 어긋나는 것으로

도판 6 　　　서울 성북구 정릉동의 기와집 단지 (2018년 5월)
도판 7 　　　인천 동구 창영동의 기와집 단지 (2021년 2월)
도판 8 　　　서울 마포구 서교동의 기와집 (2021년 8월)

간주되어 '박조(朴朝) 건물', 즉 박정희 왕조 시절의 건물이라는 식으로 비
판받기도 했습니다. 하지만 박정희 정부 때 조성된 경상북도 경주시의 보
문관광단지 등에는 여전히 이런 콘크리트 기와집이 많이 남아 있어서 특
유의 정취를 자아냅니다.

　한편 기와집 가운데는 점판암(청석돌)으로 지붕을 얹은 '돌기와집'도
있습니다. 1944년 경기도 개성에서 자재를 들여와 지은 파주시 금촌동의
이른바 '개성 돌기와집'(『그리운 금촌, 보고플 율목 2』), 그리고 성남시 수정구
금토동 외동정미소에 부속된 기와집 등이 이에 해당합니다. 파주의 돌기
와집은 재개발사업 때문에 철거되었는데, 건물 자재를 다른 곳에 보관했
다가 복원할 예정이라고 합니다. 성남의 돌기와집과 정미소도 보존 대상

도판 9　경북 경주시 도지동의 콘크리트 기와집 (2021년 11월)

으로 지목되고 있으나, 그 주변에서 택지 개발 사업이 진행되고 있어 원래 장소에 남겨질 것 같지는 않습니다.

판잣집과 토막

마지막으로, 이제까지 언급하지는 않았지만 판잣집과 토막 등도 한국 서민들이 살아가던 민가의 형태 가운데 하나입니다. 판잣집은 말 그대로 판자를 엮어 만든 집입니다. 일본인 사진가 구와바라 시세이와 한국인 시사만화가 김성환은 서울 강북 사대문 안 청계천 주변에 빼곡히 들어차 있던 판잣집 풍경을 각각 사진(『다시 보는 청계천 1965-1968』)과 그림(『고바우 김성환의 판자촌 이야기』)으로 남겼습니다. 이들 시각 자료를 보면 여러분은

경기 성남시 수정구 금토동의 돌기와집 (2022년 6월)

그곳이 서울 강북 도심이 아니라 수상 가옥이 즐비한 동남아시아 어딘가라고 생각할 것입니다.

심지어는 서울 사대문 바깥에서 청계천 복개 공사가 이뤄지던 당시, 쌓아 둔 건설자재 아래 생겨난 공간에 살던 시민도 있었습니다. 일본인 목사 노무라 모토유키의 『노무라 리포트』(눈빛, 2013)에는 오늘날 한국 시민들이 믿기 어려운, 이런 공간에 사는 당시 시민들의 모습이 사진으로 실려 있지요. 농촌을 떠나 일자리와 미래의 가능성을 찾아 상경한 시민들이 그곳에 살았습니다. 만약 노무라 선생이 사진을 안 남겼다면, 그 누구도 이런 곳에 시민들이 살았음을 믿을 수 없었을 것입니다.

노무라 선생이 사진으로 남긴 청계천 변의 이런 공간은, 식민지 시기 농촌에서 경성으로 이주해 온 시민들이 흙과 천막으로 지은 토막을 계승한 것이라고 할 수 있습니다. 경성제국대학 위생조사부가 1942년 출판한

『토막민의 생활·위생[土幕民の生活·衛生]』에는 당시 토막이 경성 외곽 어디에 얼마나 분포하며, 토막의 형태는 어떠한지 등에 대한 설명이 상세히 실려 있지요.

식민지 시기의 토막은, 1945년 광복과 1950~1953년 6·25전쟁 당시 충청남도 아산시 농촌 지역으로 피란 온 월남민들이 흙벽돌을 쌓아 지은 '토막사'(土幕舍)를 거쳐서 1970년대 서울 청계천 변까지 이어져 내려왔습니다. 이들 공간 역시 한반도의 서민들이 살던 민가입니다.

그런데 『토막민의 생활·위생』을 출판한 경성제국대학 위생조사부는 결론 부분에서 "토막민은 일반 조선인과 혈족적으로 동일한 요소로 이루어진 도시 영세민 집단이다."라고 설명합니다. 이들 조사자는, 토막에 사는 가난한 시민들이 일반 조선인과 다른 민족일지도 모른다는 가정을 했던 것 같습니다. 저렇게 가난하고 추한 자들이 우리와 똑같은 조선인일 리 없다는 차별 의식. 이와 마찬가지로 오늘날 한국 시민들은 한옥, 특히 민가의 다양한 형태를 잊어버리고 그것을 자신들의 삶과 무관한 이질적인 존재로만 인식하는 듯합니다. 조선 시대 전기에 인구 절반이 노비였음을 잊고 많은 이가 자신을 양반의 후손이라 '착각'하고 있는 현재(안승준 『조선 전기 사노비의 사회경제적 성격』), 자신들과 직접적으로 관계된 한옥은 기와집뿐이라고 믿어 의심치 않고 있는 것입니다.

이처럼 요즘의 한국 시민들은 '한옥'을 기와집으로 인식하고, 초가집에서 토막사에 이르는 무수한 형태의 민가는 '한옥'이라 부르지 않는 경향을 보입니다. '한옥과 초가집'이라는 식으로 구분하는 것이지요. 그러한 의미변화는 시민 전반에서 확인되는 추세이니, 이를 되잡으려는 시도는 무의미할지도 모릅니다. 하지만 한옥이 곧 기와집이며 그 밖의 수많은

도판 11   충남 아산시 둔포면 운용리의 토막사 (2022년 4월)

민가는 한옥이라 부를 수 없다는 식의 발상은, 봉건적 유산이 민주공화국 한국의 시민들에게 악영향을 끼치고 있는 대표적인 사례입니다. 그래서 저는 한옥이라는 개념의 원래 의미를 되찾고, 또 한반도 민가의 다양한 세계를 소개하려 노력하고 있습니다. 이 글은 그러한 제 생각을 처음으로 정리해 본 것입니다.

07

개량 기와집

: '한옥'을 둘러싼 모순

'개량 한옥'은 없다

요즘 사람들은 '서울의 한옥'이라고 하면, 북촌과 서촌의 'ㄷ' 자 기와
집 건물을 떠올립니다. 그리고 이들 지역의 한옥이 조선 시대로부터 이어
져 내려오는 몇백 년 된 유서 깊은 건물이라는 이미지를 품고는 합니다.
본격적인 이야기를 시작하기 전에, 그러한 이미지가 정말 정확한 것인지
부터 살펴봅시다.

앞서 말했듯 한옥은 '한반도, 한국, 한국 시민의 집'이라는 뜻이므로
오늘날 한국 시민이 살고 있는 아파트도 한옥입니다. 제가 추천사를 쓴
토목가 양동신 선생의 『아파트가 어때서』(사이드웨이, 2020)를 읽어 보면
잘 느끼시겠지만, 현대 한국의 아파트는 '닭장'이나 '군대 병영'이라는 식
의 비판을 받으면서도 나름대로 발전을 이룬 끝에 한국 인구 절반 이상이

생활하는 효율적인 주거로 자리매김했습니다. '집 장사 집'으로 불리면서 1960~1980년대에 지어진 수많은 단독주택, 그리고 빌라 역시 '한반도, 한국, 한국 시민의 집'인 한옥입니다.

하지만 현대 한국의 많은 시민은 아파트, 단독주택, 빌라를 '한옥'이라고 부르지 않습니다. 현대 한국에서 '한옥'이라 불리는 건물이 어떤 형태인지를 잘 보여 주는 것이, 국토교통부가 주최하는 대한민국 한옥 공모전입니다. '2020 대한민국 한옥 공모전'의 기획 의도에 따르면 "한옥은 양옥과 대비되는 용어로 '한국의 정체성이 반영된 건축'이라고 정의할 수 있"다고 합니다. 그런데 재료 등에 제한을 두지 않는다면서도 "지속 가능성과 미래 지구환경 등을 고려할 때 목재의 대량 사용을 권장"한다고 강조하지요(『한옥 현대건축과 만나다』). 이 공모전의 기존 수상작을 살펴보면 거의 다 기와집입니다. 결국 대한민국 한옥 공모전이 상정한 '한옥'은 기와집이라고 이해하는 것이 자연스러울 터입니다.

그러나 '한옥'이 1876년 강화도조약에 의한 개항 이전의 건물만을 가리킨다고 일단 받아들이더라도 "한국의 정체성이 반영된 건축"인 한옥이곧 기와집이었던 것은 아닙니다. 한옥 가운데 독특한 것으로는 울릉도의 투막집과 너와집, 제주 전통 초가, 뗏집 등이 있고 원래 한반도 주민의 대다수를 차지하는 평민과 노비는 초가집에 살았습니다. 토막민처럼 흙을 파서 만든 토굴에 사는 사람도 많았지요. 이들 평민과 노비의 후손인 대다수 한국 시민 또한 박정희 정권이 들어설 무렵까지는 대체로 흙으로 만든 초가집에 살았습니다. 잘 알려져 있듯이, 박정희 정권은 농촌 새마을운동을 펼치면서 초가집의 개량을 밀어붙였습니다. 1970~1980년대 여성 공장노동자의 문학을 대표하는 『빼앗긴 일터』(창작과비평사, 1984) 초입에는 오랫동안 살아온 초가집을 불온시하는 정부 시책에 당황해하는 당시 한국 시민들의 심정이 잘 표현되어 있지요.

> "가시나, 이기 누고?"
>
> 가족들이 달려 나왔다.
>
> "우리 지붕 왜 저래요?"
>
> 나는 궁금한 것부터 질문했다.
>
> "초가지붕은 다 벗겨 내고 스레트로 하라꼬 민 서기가 하도 캐 싸서 비끼는 났는데 우째 할랑강 모르겠다 아이가."
>
> "스레트로 이으려면 돈 들잖아요? 우리 집에 무슨 돈이 있다구."
>
> "그랑깨내 저래 놓고 못 하고 있는 거 아이가? 엄두를 못 내고…."
>
> "그러면 아예 그대로 두지 그러셨어요?"
>
> "야야, 민 서기 독촉 때문에 살 수가 있는강?"
>
> "면 서기는 왜 책임질 수도 없는 일을 만들어요?"
>
> "그 사람들도 할 수 없는 기라. 지들도 할 수 없습니더, 빨리 좀 걸어 주이소, 하고 사정을 하는데 우짤끼고?"
>
> "뭐 스레트만 입히고 울긋불긋 색칠하고 그러면 새마을이 다 되나, 집안엔 빚투성인데…."
>
> ― 장남수. 『빼앗긴 일터』, 창작과비평사, 1984: 44~45쪽.

한국의 평민과 노비들이 수천 년을 살아온 초가집과 뗏집은 이렇게 해서 명맥이 끊겨 버렸습니다. 그와 동시에, 수많은 이가 족보를 위조해서 자신들이 양반의 후손임을 자부함으로써 오늘날 한국 시민들은 자기 조상이 대대로 목조 기와집에 살던 양반이었다는 거대한 착각에 빠지게 되었습니다. 조선 시대까지는 모든 사람에게 허용되는 것이 아니었던 제사 역시, 박정희 정권이 '가정의례 준칙'을 제정함으로써 모든 가정에서 비교적 간소히 이뤄질 수 있게 되었지요. 시대적 변화와 지역적 차이를 생략하고 매우 단순하게 말하자면, 현대 한국 시민은 박정희 정부 시절에야 모두 '양반의 후손'이 된 것입니다.

대다수 한국 시민이 '양반의 후손'이라고 착각하게 되기 전의 '한옥'은 곧 초가집이었습니다. 조선 시대 소수의 지배 집단이 살던 궁궐과 아흔아홉 칸짜리 기와집은 한옥을 대표하지 않습니다. 따라서 저는 이들 건물을 '한옥'이 아닌 '기와집'이라고 지칭하며, 20세기에 세워진 기와집을 '개량 한옥'이 아닌 '개량 기와집'이라 부릅니다.

20세기 서울의 개량 기와집

서울 사대문 안 지역을 넓게 차지하고 있던 조선 시대 양반들의 기와집은 근대화 과정에서 대체로 헐렸습니다. 이들 건물이 헐린 자리를 쪼개어 들어서게 된 것이 바로 정세권, 김동수, 마종유, 오영섭, 이민구 등의 '디벨로퍼'(developer)가 20세기 초에 세운 개량 기와집입니다. 김경민 선생이 『건축왕, 경성을 만들다』(이마, 2017)를 출간하면서 주목받게 된 정세권 등의 '디벨로퍼' 또는 '집 장사'는 북촌과 서촌, 익선동 등지는 물론 오늘날 서울 강북의 사대문 안팎으로 폭넓게 개량 기와집 단지들을 건설했습니다.

'한옥 마을'이라고 하면, 많은 사람이 서울의 북촌과 서촌 또는 전주의 교동과 풍남동 등지에 있는 개량 기와집 블록을 떠올릴 것입니다. 그런데 이들 '한옥 마을', 즉 20세기 전기에 건설된 '개량 기와집 단지'의 문제는 현재 남아 있는 건물의 숫자가 너무 적다는 데 있습니다. '한옥 붐'이 일어나기 직전인 20세기 말에서 21세기 초에 걸쳐 이들 지역의 개량 기와집이 대거 빌라나 오피스텔 등으로 재건축되었기 때문입니다.

그 당시 정책 입안자들도 이들 개량 기와집을 전통의 일부로 인식하곤 있었지만, 개량 기와집이 밀집한 블록을 보존하기에는 시민의 공감대가 부족했습니다. 언어학자 로버트 파우저 선생은 서촌의 개량 기와집을 사들여 보존하려다가 주민들과 충돌하기도 했지요. 2009년경에는 서울시가 서촌 개량 기와집 블록의 보존을 추진하기 위해 주민 설명회를 열었는데 "한 재개발 지지자가 '한옥 보존 반대'라고 쓰인 현수막을 들고 무대로 나와 책상을 뒤엎었다"고 합니다. 파우저 선생은 "붉은 벽돌의 골목과 기와가 물결치는 한옥 마을의 아름다운 풍경을 한국인들이 왜 자랑스럽게 생각하지 않는지가 늘 의문이었다."라고 한탄했지요(《한국일보》 2016년 5월 10일 자 「"한옥은 한국 문화 중 가장 완벽… 세계적으로 알려졌으면"」). 이는 지금으로부터 불과 10여 년 전 일입니다.

파우저 선생은 서촌의 개량 기와집에 대한 애정을 담아 『서촌 홀릭』(살림, 2016)이라는 책을 냈습니다. 한편 북촌의 개량 기와집을 찬미하는 책과 글은 세상에 이루 헤아릴 수 없을 정도로 많습니다. 그런데 서촌과 북촌의 개량 기와집은 이미 많이 헐려 나간 상태입니다. 뒤늦게나마 개량 기와집을 새로 짓기도 했지만, 시민들의 관심을 충족하기에는 역부족으로 보입니다.

성북구와 영등포구의 개량 기와집

그런 모순적인 상황이 제게는 이상하게만 느껴집니다. 왜 시민들은 서촌과 북촌, 전주의 '한옥' 마을에서만 개량 기와집을 찾고 이들 지역에 '한옥'이 부족하다며 한탄하는 것일까요? 서울의 경우, 사대문 바깥으로 눈을 돌리면 멋지게 지어진 개량 기와집이 수없이 많습니다. 경성 전차의 동북쪽 종점이던 미아리고개 남쪽 성북구 돈암동과 동선동·길음동·하월곡동·정릉동, 그리고 경성 버스의 서남쪽 종점이던 영등포구 영등포동과 당산동·양평동 등지에는 20세기 전기에서 중기에 걸쳐 지어진 개량 기와집들이 아직도 잘 남아서 살림집으로 쓰이고 있습니다. 성북구 보문동과 안암동에도 한때 거대한 개량 기와집 단지가 존재했지요.

식민지 경성 시절 서울과 경인 지역의 도시계획을 연구한 염복규 선생은 『서울의 기원 경성의 탄생』(이데아, 2016)에서 1938년에 이뤄진 돈암 신도시 개발 과정을 상세하게 다루고 있습니다. 현재 개량 기와집에서 영업하는 점술가분들이 많이 모여 계시는, 흔히 '미아리 점집촌'이라 불리는 지역도 이곳 돈암 신도시에 포함됩니다.

사대문으로부터 그리 멀지 않은 근교에 내선(內鮮), 즉 일본인과 조선인이 함께 거주하는 신도시를 개발하겠다는 목적으로 이뤄진 돈암 지구 구획정리 사업은 영등포 지구 구획정리 사업과 동시에 진행되었습니다. 그 결과 오늘날 돈암동을 중심으로 한 성북구 일원, 그리고 영등포역 북부의 영등포구 일원에는 개량 기와집이 대량으로 건설되었지요. 이 문제에 관심이 있는 분은 염복규 선생의 책과 이경아 선생의 『경성의 주택지』(집, 2019) 등을 참고하시기 바랍니다.

도판 1 서울 영등포구 영등포동8가의
 개량 기와집 (2019년 9월)
도판 2 서울 영등포구 영등포동5가의
 개량 기와집 (2019년 5월)
도판 3 서울 영등포구 당산동3가의
 개량 기와집 (2019년 6월)
도판 4 서울 성북구 하월곡동의
 개량기와집 (2019년 7월)
도판 5 서울 성북구 하월곡동의
 개량기와집 (2019년 7월)
도판 6 서울 성북구 동선동3가의
 개량 기와집 (2018년 1월)

국가기록원에는 1938년 작성된 '경성부 영등포 및 돈암 토지구획정리비 기채의 건'[京城府永登浦及敦岩土地区劃整理費起債ノ件]이라는 제목의 문서가 소장되어 있습니다. 그 문서에는 두 지역의 토지 구획 평면도가 실려 있는데, 오늘날에도 영등포와 돈암의 구도심에는 이 시기의 도시 구획이 고스란히 남아 있어서 평면도를 들고 돌아다니면 개량 기와집을 쉽게 찾을 수 있지요.

돈암 지구의 개량 기와집이 주로 1938년의 신도시 건설기에 세워진 것이라면, 영등포구 영등포동·당산동 일대에 남은 개량 기와집의 건축 시기는 빠르면 1910년대까지도 거슬러 올라갈 수 있습니다. 오늘날의 경기도 시흥시와 영역이 전혀 겹치지 않는 옛 시흥군의 군청이 1911년 영등포역 앞에 자리하면서 영등포의 도심이 형성되었으며, 이 시기의 도심은 1938년의 구획정리 사업에서도 살아남아 현재까지 뚜렷이 그 형태를 남기고 있습니다. 1936년 제작된 지도인 〈대경성부 대관(大京城府大觀)〉에도 이러한 영등포의 옛 블록이 뚜렷이 표시되어 있지요. 서쪽으로는 영등포 유통상가 교차로에서 동쪽으로는 영등포중앙시장에까지 걸친 이곳 영등포의 구도심에는 수많은 옛길과 개량 기와집이 존재합니다. 이곳의 척추에 해당하는 길은 '당산로10길-당산로16길-영신로44길-영중로24길'로 이어집니다. 그 길을 걸을 때마다 저는 생각합니다. 현대 서울에서 가장 훌륭한 개량 기와집 단지는 북촌이나 서촌이 아니라 바로 여기에 있다고.

사람들은 문화의 본질이 지리적 중앙에 남아 있다고 믿지만, 실제로 옛 문화가 가장 많이 남는 곳은 외곽 지역입니다. 당나라의 고문서와 송나라의 주자학이 현재 베이징이 아닌, 서쪽 변경인 둔황과 동쪽 변방인 한반도에 남은 것도 이런 이치에서입니다. 20세기 서울의 개량 기와집도

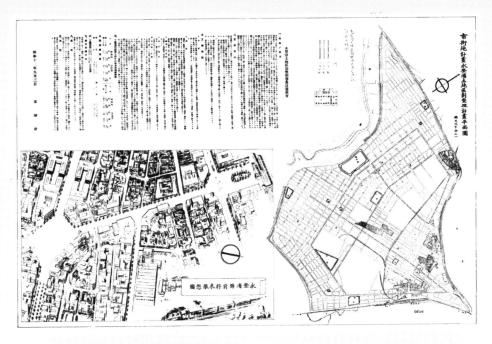

도판 7 「경성부 영등포 및 돈암 토지구획정리비 기채의 건」에 실린 영등포 지구 평면도

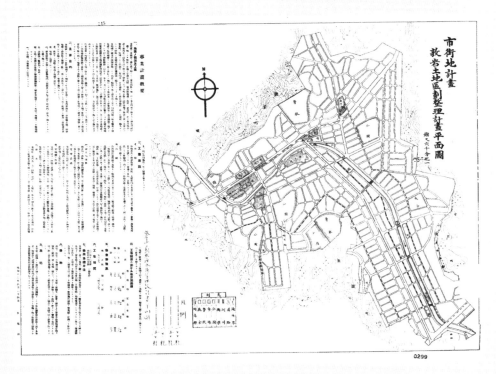

도판 8 「경성부 영등포 및 돈암 토지구획정리비 기채의 건」에 실린 돈암 지구 평면도

도판 9   **철거를 앞둔 영등포중앙시장 주변의 개량 기와집 골목** (2022년 12월)

북촌과 서촌이 아닌 성북구와 영등포구에 가장 많이, 가장 잘 남아 있습니다. 그러나 불과 10여 년 전 서촌의 개량 기와집을 보존하자는 움직임에 거센 반발이 일었던 것처럼, 2023년 현재 성북구와 영등포구의 개량 기와집 블록은 시민들의 무관심 속에 철거되고 있습니다. 최근에는 수도권 전철 4호선의 길음역 7번 출구 근처, 성북구 길음동의 삼각형 개량 기와집 블록이 재건축을 위해 철거되었지요.

저는 2018년과 2019년의 2년 동안, 길음 역세권의 개량 기와집 블록을 꼼꼼히 살폈습니다. 길음동의 20세기 전기 개량 기와집 벽에는 당시 장인들이 남긴 아름다운 문양이 무수히 새겨져 있었지만, 이것이 사라짐을 안타까워하는 사람은 많지 않았던 것 같습니다. 더 늦기 전에 성북구와 영등포구 구도심의 개량 기와집을 샅샅이 기록하고, 남길 만한 건물을 보존하는 것이 북촌과 서촌의 실패를 되풀이하지 않는 길입니다.

08

공동주택

: 느슨하게 함께 사는 모습

아파트, 맨션, 주택

이 장에서는 아파트, 빌라, 연립주택 등을 일컫는 '공동주택'에 대해 말씀드리겠습니다. 먼저 아파트를 답사 대상으로 설정했을 때 적용할 수 있는 여러 가지 포인트에 주목해 보겠습니다.

아파트에 대해 살피려면 '아파트란 어떤 형태의 공동주택을 가리키는 명칭인가?'라는 질문을 우선 던져야 합니다. 오늘날 대다수 한국 시민은 '아파트'라고 하면 '고층 아파트 단지'를 떠올릴 것으로 짐작됩니다. 그런데 아파트 중에는 단지를 이루지 않는 개별 아파트도 있고, 아파트와 빌라와 연립주택 사이의 모호한 경계에 놓인 공동주택 또한 있습니다. 아파트와 빌라와 연립주택을 느슨하게 가리키는 명칭으로서, 이제까지 제가 전국을 다니며 수집한 것들은 대략 이렇게 분류됩니다.

① 아파―트, 아파트, A·P·T, 주택, 주택단지, 국민주택

② 맨션, 맨숀, 멘숀, 맨숀아파트, 맨션빌라, 빌라맨숀, 하이츠빌라,
   하이츠맨션, 하이츠맨숀, 하이츠파크, 빌라, 빌라트, 파크맨션,
   가든빌라, 파크빌라, 파레스

③ 연립, 연립주택, 다세대

④ 상가·아파트, 상가아파―트, 상가아파트, 상가맨션, 주상복합

법적·건축학적으로는 다양한 형태의 공동주택을 구분하는 기준이 명확히 정해져 있지만, 답사하다 보면 그 기준과 실제 명칭이 일대일로 맞춰지지 않습니다. 예를 들어 서울 영등포구 여의도동의 어느 아파트 단지는 '맨숀'으로 불립니다. 고급 아파트를 일본에서 '맨션'[マンション, 만숀]이라 부르는 것과 동일한 발상에서 그런 이름을 붙였을 테지요. 그런데 일본에서 '아파트'[アパート, 아파―토]라 하면, 한국의 아파트와 같은 형태의 공동주택과 주로 2층짜리인 공동주택 양쪽을 모두 뜻합니다. 후자의 경우, 교토부를 중심으로 한 서일본에서는 '문화주택'[文化住宅, 분카주타쿠]이라고 불리기도 합니다. 맨션과 아파트, 주택이라는 명칭이 구분 없이 혼용되는 것이지요.

이는 한국도 마찬가지입니다. 부산 부산진구의 어느 아파트는 맨션이자 아파트로 불리며(협성맨션/개금협성아파트), 서울 관악구의 어느 아파트는 주택이자 동시에 아파트라 불립니다(뉴·서울주택/뉴·서울아파트). 한국에서도 역시 맨션과 아파트, 주택이라는 명칭이 혼용되는 것입니다.

이처럼 공동주택의 명칭을 따지면 따질수록 정확한 개념은 점점 모호해질 뿐입니다. 따라서 공동주택의 명칭을 명료히 정의하려 애쓰기보다,

도판 1　서울 동대문구 이문동의 경희맨숀 (2020년 9월)

도판 2　경기 안산시 상록구 수암동의 남일다세대 (2021년 4월)

도판 3　경기 고양시 덕양구 주교동의 두라맨숀/협신주택 (2021년 12월)

도판 4　부산 부산진구 개금동의 개금우진맨션 (2022년 4월)

도판 5　서울 종로구 숭인동의 숭인상가아파트 (2020년 4월)

도판 6　서울 마포구 창전동의 서강문화아파ー트 (2019년 8월)

도판 7   경기 평택시 합정동 주공4단지아파트의 급수탑 (2021년 4월)
도판 8   서울 송파구 잠실동 잠실주공5단지아파트의 급수탑 (2017년 7월)
도판 9   경기 광명시 철산동 영풍아파트의 급수탑 (2021년 9월)

어떤 공동주택에 왜 그런 명칭이 붙어 있는지를 귀납적으로 조사하고 기록함으로써 자신만의 답사 방법을 개발하는 것이 좋겠습니다.

일반적으로 '아파트' 하면 떠올리는 '아파트 단지'에는, 옆 나라 일본에서 최근 들어 인기를 끌고 있는 답사 포인트가 있습니다. 바로 급수탑입니다. 예전에 단지 내의 각 세대에 상수도를 공급하는 물탱크로 기능하던 급수탑이 일본에서는 그 자체로 모더니즘 예술로서 감상의 대상이 되어 여러 권의 책이 출간되고, 답사 팀들이 일본 전역의 아파트 단지 급수탑을 순례하고 있습니다.

이러한 아파트 단지 급수탑은 사람들에게 주목받기 쉬운 존재이고, 또한 그 형상도 매우 다채로우니 여러분의 답사 대상에 포함할 만합니다.

아파트 단지는 한국뿐만 아니라 일본, 옛 소비에트권 국가들, 핀란드 등지에서도 흔하게 볼 수 있습니다. 그만큼 답사하는 방법도 발달되어 있으므로, 이들 지역의 감상법도 참고하면서 독자분들이 각자의 방식을 개발하면 좋겠습니다.

공동주택의 디자인

예전에 지어진 공동주택에서 가장 인상적인 답사 포인트는 파이프 배관입니다. 잘못 설치하면 보기 흉해질 수 있는 파이프를, 한국의 장인들은 놀라울 정도로 딱딱 맞춰 배치해서 예술의 경지로 만들어 냈습니다. 어떤 공동주택에서는 건물 외관의 색에 맞춰 파이프가 칠해져서 조화를 이룹니다. 배관 방식과 색채의 조화가 어우러진 파이프 배관은 공동주택에서 빼놓을 수 없는 포인트입니다.

단독주택의 경우와 마찬가지로 아파트 단지를 포함한 공동주택에서도 입구와 계단, 창문, 벽 등에 주목해 답사할 수 있습니다. 우선 입구를 살펴보면, 규모가 작은 공동주택에서는 입구에서부터 각 세대로 이어지는 계단과 외부 벽면까지 일체형으로 디자인된 사례가 많습니다. 아파트 단지에서는 찾아보기 어려운 개성입니다. 일반적으로 아파트 단지는 개별 동의 입구가 아니라 단지 자체의 입구에 힘을 쏟지요.

다음으로 계단. 소규모 공동주택에서는 좁은 공간을 효율적으로 쓰기 위해, 하나의 입구에서 여러 개의 주거로 갈라져 나가는 계단을 배치한 경우가 많습니다. 이렇듯 실용적 목적에서 비롯된 디자인이 결과적으로

도판 10   경기 부천시 송내동의 욱일5차아파트 (2020년 4월)

도판 11   서울 동작구 노량진동의 한빛빌라 (2018년 11월)

도판 12   서울 영등포구 양평동6가의 덕양주택 (2019년 9월)

도판 13   서울 영등포구 신길동의 삼두아파트 (2021년 11월)

도판 14   경기 부천시 송내동의 장미맨숀 (2020년 4월)

도판 15   서울 관악구 봉천동의 봉천벽산블루밍1차아파트 (2019년 7월)

도판 16   서울 동작구 상도동의 동한빌라 (2018년 1월)

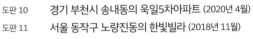

그 공동주택에 개성을 부여하곤 합니다. 좀 더 규모가 큰 공동주택에서는 공간적 여유가 있다 보니, 무리해서 계단을 설계한 사례는 보기 힘든 것 같습니다. 그 대신 아파트 단지가 현대 생활의 상징이 되었던 때문인지, 많은 아파트 단지의 계단은 모더니즘적인 느낌을 주도록 디자인되어 있습니다. 물론 이와는 반대로 계단을 곡선으로 배치해서 멋을 낸 공동주택도 있지요. 또한 화재 시에 탈출할 수 있도록 설치된 옥외 피난계단도 건물 외부의 디자인 요소가 되어 줍니다.

피난계단을 포함한 벽에도 여러 가지 디자인이 베풀어져 있습니다. 창문의 경우에는 창문 자체의 디자인과 함께 창틀의 디자인까지 아울러 살펴보면 흥미로울 것입니다. 같은 건물에서도 세대마다 서로 다른 창틀 디자인을 사용하기도 하고, 서로 붙어 있는 창문에 서로 다른 디자인의 창틀을 설치해 변화를 주기도 합니다.

공동주택의 벽과 아파트 글자

특히 공동주택의 벽은 몇 가지 서로 다른 포인트에서 주목할 수 있습니다. 먼저, 공동주택 초기에 건설된 일부 건물에서는 벽돌 자체를 여러 방식으로 쌓아 문양을 만들어 내곤 했습니다. 어려운 경제적 사정에도 아름다움을 추구한 당시 시민들의 생각을 읽어 낼 수 있지요.

그다음 세대의 공동주택에서는 벽을 여러 가지 색으로 칠해 멋을 내거나, 벽 자체에 문양을 입히는 방식을 채택했습니다. 한편 초기의 고층 아파트 단지에서는 단지 내외부를 가르는 벽의 디자인이 인상적입니다.

최근에는 이들 초기의 고층 아파트 단지가 재건축되면서 이렇게 고졸한 느낌을 자아내던 단지 외벽이 사라지고 있으니, 서둘러 답사할 필요가 있 겠습니다.

하지만 그 무엇보다도 공동주택을 공동주택답게 장식해 주는 것이 있 으니, 공동주택의 이름을 적은 이른바 '아파트 글자'입니다. 이러한 아파 트 글자는 공동주택의 명칭, 글자체(폰트), 벽면과의 색깔 조화, 그리고 무 지개·항공기·지구·해태 같은 그림과의 조화 등 참으로 요모조모 기록하 고 감상할 수 있는 답사 대상입니다.

한편 서울 양천구의 목동신시가지아파트는 '목동'(木洞)이라는 지명과 어울리게 단지 내부의 '나무'가 무성히 자라나 미적 감상 대상이 되어 줍 니다. 부동산업계에는 "아파트 높이만큼 나무가 자라면 그 단지는 재건 축할 때가 된 것이다."라는 말이 떠돕니다. 이 말대로, 1985년부터 입주가 시작되어 40년이 채 지나지 않은 목동신시가지아파트 1~14단지는 현재 단지별로 재건축 계획이 추진 중입니다.

도판 17   서울 송파구 마천동의 공동주택 (2022년 3월)
도판 18   서울 도봉구 쌍문동의 우이그린빌라 (2019년 9월)

도판 19   경기 광명시 하안동의 보람채아파트 (2020년 3월)

도판 20   서울 관악구 신림동의 현대개나리빌라 (2019년 10월)

도판 21   경기 부천시 송내동의 건우1차아파트 (2020년 4월)

도판 22   경기 용인시 처인구 삼가동의 장미맨숀 (2019년 8월)

도판 23   서울 구로구 가리봉동의 대흥APT (2021년 5월)

도판 24   서울 용산구 도원동의 도원아파트 (2020년 5월)

이렇게 공동주택 특유의 개성을 부여하는 아파트 글자는 목욕탕 글자에서 비롯되었을 가능성이 큽니다. 앞서도 잠깐 살펴봤듯이 1세대 외벽도장공인 유영욱 선생은 인터뷰에서 "내가 시작을 한 거는… 아파트라는게 막 생길 때부터 한 거지. 그 이전까지는… 그 굴뚝 알지? 목욕탕 같은 데 있던 거 말이야. 그 굴뚝에 글자 그리는 일을 많이 했어."라고 증언하셨지요(강예린·윤민구·전가경 외 『아파트 글자』).

물론 아파트 글자를 그린 모든 장인이 목욕탕 글자를 쓰지는 않았을 것입니다. 하지만 아파트가 본격적으로 나타나기 전에 도시의 하늘에는 목욕탕 굴뚝이 여기저기 솟아 있었으니, 높다란 목욕탕 굴뚝에 올라가 글자를 그리던 장인들이 '아파트 글자를 그려 달라'고 요청받았으리라는 것은 능히 짐작할 수 있습니다.

인상적인 공동주택들

지금까지 공동주택의 여러 답사 포인트를 살펴봤습니다. 이런 답사 포인트들을 특히 잘 관찰할 수 있는 공동주택의 사례를 한 가지 소개해 드리려고 합니다. 바로 서울 종로구에 있는 동대문아파트입니다. 1966년 준공된 이 아파트는 '서울 미래 유산'으로 지정되어 있고 연예 방송, 영화, 뮤직비디오 등에 등장해서 여러분에게도 익숙할 터입니다. 동대문아파트는 중정(中庭)이 유명하지만, 저는 개인적으로 이 아파트의 창문과 계단이 타의 추종을 불허할 정도로 아름답다고 생각합니다.

한편 초기의 주상복합이라고 할 수 있는 상가아파트 가운데는, 삼각형의 건물이 인상적인 인천 동구의 송림시장과 미추홀구의 평화자유시장이 답사하기에 편리합니다. 평화자유시장 바로 옆으로는 고층 아파트 단지가 들어서서, 공동주택의 세대교체가 바로 이곳에서 이뤄지는 중임을 실감할 수 있습니다.

도판 25　　　서울 종로구 창신동 동대문아파트의 중정 (2020년 4월)

　마지막으로 아파트 이외의 공동주택으로서 주목할 만한 곳을 몇 군데 소개하겠습니다. 먼저 부산 남구의 4호연립은 구도심에 살던 빈민들을 도시 외곽으로 이주시키고자 세워진 것입니다. 한 건물에 철거민 4세대를 입주시킬 수 있다고 해서 그런 이름이 붙었습니다.

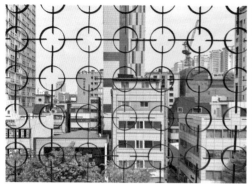

다음으로 경기도 부천시 원미동의 유림연립은 양귀자의 소설 『원미동 사람들』(문학과지성사, 1987) 속 분위기를 여전히 느낄 수 있게 해 주는 귀중한 도시 화석입니다. 또 의정부시의 옛 미군 부대 근처에 자리한 부흥주택은 6·25전쟁 이후 많이 세워진 '재건주택', '희망주택' 등의 흐름을 잇는 공동주택으로 여겨집니다.

그리고 서울 구로구 골목 곳곳에서는 '벌집'이라 불린 공동주택을 아직도 몇 채 찾아볼 수 있습니다. 국가 산업화 시기에 구로 공단에서 근무하던 노동자들이 묵었던 역사적 현장입니다.

공동주택은 현대 한국 시민의 삶, 곧 그 자체입니다. 그렇기에 훌륭한 도시 답사 대상이 되어 주는 것이지요.

09

아파트

: 베고 짓고 기억하다

아파트는 다양하다

2023년 현재, 한국 시민의 절반은 아파트에 살고 있습니다. '아파트'라는 범주에 포함되는 주거 형태에는 여러 가지가 있겠습니다만, 이들 아파트의 상당수는 도시지역에 자리합니다. 그렇기에 우리가 '도시'를 이해하기 위해서는 무엇보다도 아파트라는 주거 형태를 먼저 이해해야 하겠습니다.

'아파트'라 하면 오늘날의 많은 사람은 주공 아파트나 시영 아파트 등으로 대표되는 5~12층짜리 아파트의 대규모 단지, 또는 그 이상의 고층 아파트로 이뤄진 단지를 떠올릴 것 같습니다. 그리고 이들 단지의 내부에는 자체적인 교육 시설과 상가 건물이 자리하거나 '주상 복합' 형태로 아파트 저층부에 상가 층이 들어선 경우가 많지요.

도판 1　　서울 강남구의 고층 아파트 단지 (2021년 10월)

　　이들 아파트 가운데 저는 서울 송파구의 잠실주공아파트와 서초구의 반포주공아파트, 강남구의 개포주공·시영아파트 등 개방형 저층 아파트 단지에 전월세 형태로 오래 거주했습니다. 그렇다 보니 5층 주공·시영 아파트 단지에 특히 애착과 편안함을 느끼며, 제가 '아파트'라 말할 때는 무의식적으로 이들 단지를 연상하고 있을 가능성이 큽니다. 아파트에 거주한 경험이 있는 분이라면 각자 기억에 남은 일정한 아파트 형태가 있을 것입니다.

　　하지만 저는 '아파트'라는 말을 쓸 때마다, 한국에는 다양한 형태의 아파트가 존재하며 제가 거주한 아파트는 그 가운데 일부에 지나지 않는다는 점을 의식적으로 상기하려 노력합니다. 아파트는 반드시 단지를 이뤄 건설되는 것이 아니어서, 한두 개 동만 지어져 주변 지역 생활권에 의존하는 개방형 아파트도 많습니다. 또 최근에는 주상 복합이라 불리는 고층 아파트 단지가 중산층 시민들의 인기를 끌고 있지만, 사실 주상 복합은 반세기 전인 1960년대에 이미 전국적으로 지어진 바 있지요.

도판 2　　서울 동대문구 제기동의 독립형 아파트인 홍파아파트 (2017년 7월)

한국의 아파트는 폐쇄적인 생활 방식을 만들어 낸다고 비판받지만, 이러한 비판은 현대 한국에서 무수히 지어진 여러 형태의 아파트 가운데 몇몇 폐쇄형 아파트 단지에만 해당하는 것입니다. 한두 동만 지어지는 독립형 아파트에 사는 주민들은 생활의 모든 것을 주변 지역에 의존하며, 단지 내외부 간의 물리적 장벽이 설치되어 있지 않은 아파트 단지도 주변 지역과 관계가 단절되지 않습니다. 그에 반해 카드나 비밀번호가 있어야

도판 3　　한국 최초의 주상 복합 아파트인 서울 서대문구 남가좌동 좌원상가아파트 (2017년 12월)

단지에 진입할 수 있는 최근의 고층 아파트 단지들은 주변 도시와 완전히 분리된 삶의 형태를 만들어 내지요. 따라서 '아파트'에 대한 비판은 주로 이들 폐쇄형 아파트에 한정된다고 할 수 있겠습니다.

아파트 키드들의 추억

1970년대부터 많이 지어진 5층 높이의 주공·시영 아파트, 그리고 이와 비슷한 시기에 건설된 아파트 단지의 재건축이 시작되면서 철거되기 전에 옛 모습을 기록해 두려는 움직임이 전국적으로 활발히 일어나고 있습니다. 아파트 단지를 '고향'으로 여기는 세대가 성장하며 사회적으로 발언권을 획득하면서, 농촌만이 진정한 고향이며 도시는 삭막한 타향이라 여겨 온 그 이전 세대로서는 상상할 수 없던 움직임이 일어나고 있는 것이지요. 도시의 변화를 문헌학적으로 기록하는 작업을 하는 저로서는, 재건축되기 전의 아파트 단지에 대한 기록이 남는다는 점에서 일단 반가움을 느낍니다.

다만 반가운 마음과 함께, 이들 작업이 놓치는 부분이 있다는 생각도 합니다. 특히 재건축을 앞둔 아파트 단지에서 30~40년 동안 키 높이 자란 나무들에 대한 애착을 이들 작업의 성과물에서 접할 때 그렇습니다.

앞서도 봤듯 "아파트 높이만큼 나무가 자라면 그 단지는 재건축할 때가 된 것이다."라는 말이 부동산업계에서 격언처럼 회자합니다. 이들 단지의 나무들은 그만큼 수십 년 동안 잘 자라 줬고, 재건축 시 설계상 존치하기 어렵다는 이유로 모조리 베어 버리기에는 아까운 것이 사실입니다.

아파트 단지에 살면서 나무와 함께 자라난 시민들이, 이들 나무의 미래에 관심을 보이는 것 또한 아름다운 일입니다.

그러나 현재 재건축을 앞둔 아파트 단지는 아무것도 없던 빈 땅에 조성된 것이 아닙니다. 이들 아파트 단지의 나무도 사막처럼 아무것도 자라지 않던 땅에 처음으로 심긴 식물이 아닙니다.

강에 제방을 쌓고 흙과 돌을 채워 넣는 공유수면매립 작업을 통해 물에서 땅으로 바뀐 서울 여의도나

도판 4   서울 서초구의 5층 아파트 단지와 나무
(2017년 10월)

잠실 같은 지역이 아니라면, 오늘날 아파트 단지가 자리한 땅에는 그전부터 오랜 세월 수많은 나무가 자라고 있었습니다. 현대 한국 도시 구석구석에 세워져 있는 아파트 단지들은 그 나무들을 베어 낸 자리에 들어선 것입니다.

서울의 동남쪽 끝인 강동구 고덕 지역의 경우에는, 그전까지 식목 사업을 벌여 조성한 100만 그루의 나무를 베어 내고 아파트 단지가 만들어졌습니다. 고덕 지구 개발 당시의 기사에서는 애써 나무를 심어 조성한 녹지를 없앨 수는 없다는 서울시와, 9만 명이 들어설 신시가지를 조성하려면 나무를 벨 수밖에 없다는 한국토지개발공사(오늘날 한국토지주택공사) 사이에 벌어진 충돌을 확인할 수 있지요.

도판 5　《조선일보》1982년 4월 25일 자 「택지조성에 '20년 식목 지역' 훼손 나무 100만 그루 뽑힌다」

　그렇게 나무 100만 그루를 베어 내고 들어선 아파트 단지에는 새로이 조경수가 심겼고, 그 나무들이 30~40년 뒤인 지금 또다시 베어지려 하고 있습니다. 이런 일은 비단 서울 고덕 지구에서만 일어난 것이 아닙니다. 1970년대부터 전국 곳곳에서 전개된 아파트 단지 건설 과정을 전하는 각종 신문 기사에는 베어진 수많은 나무의 사진이 실려 있습니다. 이들 수백만 그루의 나무는 아무런 애도도 받지 못한 채 베어졌지만, 아파트 단지에 심긴 몇백 그루의 나무는 도시민의 애도를 받으며 기록되고 이식되는 중입니다. 제게는 그 모습이 이율배반적으로 느껴집니다.

　한편 이들 아파트 단지가 들어서기 전의 땅에는 나무만 자라고 있던 것이 아니라, 사람도 살고 있었습니다. 고덕 지구에는 세입자, 토지주와

도판 6 《동아일보》 1989년 5월 6일 자 「'신도시 계획 반대' 왜 나오나」의 사진
도판 7 《한겨레신문》 1990년 2월 24일 자 「일산 주민 국회 앞 시위 '생존권 보장 청원서'
제출」의 사진

건물주 등 8,000여 명이 살고 있었다고 합니다. 이들 가운데 일부는 보상
금을 받았을 터이고 또 일부는 고덕 지구에 재정착했겠지만 현대 한국에
서 일어난 비슷한 사례들을 고려하건대, 대부분 주민은 두 번 다시 고덕
지구로 돌아올 수 없었을 것입니다. 한국의 재건축·재개발에서 원주민의
재정착률은 매우 낮습니다.

어떤 사람들은 말할 것입니다. '농촌 고덕' 시절에는 8,000여 명이 살
았고 '고덕 신시가지'에는 9만 명이 살게 되었으니 좋은 일이 아니냐고.
소수보다는 다수가 행복한 것이 민주주의 원칙 아니냐고. 그리고 새로이
조성된 아파트 단지에서 태어나고 자란 사람들이 이들 지역을 고향으로
느끼며 애착을 표현하는 것은 당연한 일이 아니냐고 말이지요.

물론 동의합니다. 저 또한 아파트 단지를 고향으로 느끼고 있으므로, 이러한 주장에는 당연히 공감합니다. 다만 아파트 단지 주민들이 그 땅의 첫 주민이 아니라 그 이전의 농촌 시절에도 그곳을 고향으로 여기는 주민들이 있었고, 재건축 뒤에 들어설 새 아파트 단지에도 그곳을 고향으로 느낄 사람들이 살게 되리라는 점을 좀 더 실감해 줬으면 좋겠다고 생각할 뿐입니다.

신도시를 위해 농촌을 파괴하다

'신도시'라는 이름의, 아파트 단지 건설이 예정된 지역을 구석구석 답사하다 보면 도시에 비해 수적 열세임에도 불구하고 비(非)도시지역 주민들에게도 '자신들이 태어나고 자라난 땅에서 평생을 보낼 권리가 있다'는 주장을 무수히 접합니다. 1989년에 1기 신도시 개발계획이 발표되자 특히 경기도 고양군(오늘날 고양시) 지역에서는 일산 신도시 건설에 반대하는 주민 시위가 격렬히 일어났습니다. 그 당시 반대 시위를 보도한 신문지상에는 "조상이 물려준 기름진 문전옥답 도시 중산층 놈 잠자리가 될 수 없다", "기름진 문전옥답에 중산층 잠자리가 웬 말인가" 등의 문구가 적힌 플래카드를 든 일산 농민들의 시위 사진이 다수 실렸지요. 이때 일산에서만 최소한 다섯 명의 자영농·소작농이 개발에 반대하며 스스로 목숨을 끊었습니다.

『고양군 지명 유래집』(고양문화원, 1991)이라는 책이 있습니다. 일산 신도시가 건설되며 고향의 경관이 사라진다는 데 위기감을 느낀 농촌 고양

청년들이, 그 순간에도 파괴되고 있던 고양군의 지리와 지명을 기록한 기념비적인 저서입니다. 이 책의 끝부분에는 이들 청년의 단체 사진과 함께 다음과 같은 소감이 실려 있습니다.

> 그동안 춥고 더운 날씨에도 불구하고 각 마을을 돌아다니며 내 고향의 역사를 조사하고 기록한 지금 정말 내 고향이 이곳이구나 하는 뿌듯한 마음과 함께 각 마을에서 느낀 정이 이번 아르바이트가 내게 준 큰 성과라고 할 수 있습니다.
>
> 또 한국사를 공부하면서도 지배층 중심의 역사를 습득하던 강의실 학습에서 실제로 근현대사를 기술하는 데서 좋은 경험을 했다고 생각합니다.
>
> 다만 아쉬운 것은 조사의 시기가 늦은 감이 있어 많은 지역이 도시화됨에 따라 채보의 내용이 충실치 못하였습니다. 끝으로 그동안 많은 도움을 주신 각 마을 어르신네들께 감사드립니다.
>
> 조사자 일동
>
> — 이은만, 『고양군 지명 유래집』, 고양문화원, 1991: 944쪽.

특히 전근대 한반도의 역사를 다루는 책이나 방송에서는, 당시 전체 인구에서 한 줌밖에 되지 않은 왕과 양반의 이야기만 즐겨 소개됩니다. 왜 인구의 절대다수를 차지한 평민과 노비에 대해 언급하지 않느냐고 질문하면, 이들에 관한 자료가 부족하기 때문이라는 답이 돌아옵니다.

그런데 아파트 단지에 대해서도 마찬가지로 답하는 사람들을 만나곤 합니다. 아파트 단지를 건설하기 위해 자신들의 고향을 내준 농촌 주민의

도판 8   경기 고양시 일산동구 정발산동의 밤가시 초가 (2021년 9월)

수가 적고 기록이 부족하니, 이들에 관한 이야기가 부족할 수밖에 없지 않으냐고 말입니다. 앞서 인용한 농촌 고양 청년들의 말과 작업은 이러한 도시민들의 주장에 강력한 반론이 될 것입니다.

일산 신도시의 딱 중간에 해당하는 일산동구 정발산동에는 '밤가시 초가'라는 이름의 한옥이 보존되어 있습니다. 지붕 한가운데가 'ㅇ' 자로 뚫려 있는 독특한 형태의 건물로서, 중부 지역에서도 추위가 심한 곳에 살던 주민들이 환경에 적응하기 위해 지은 것입니다. 이러한 밤가시 초가는 신도시 개발 이전의 흔적이 거의 남아 있지 않은 일산 신도시가, 실은 석기시대 이래로 오랜 역사를 지닌 땅에 들어선 후발 주자임을 증언하는 도시 화석이기도 합니다.

지어진 지 150년이 지난 정발산동 밤가시 초가는 신도시 개발을 추진하던 국가나 공공 기관이 일산 지역의 역사성을 후세에 전하려는 취지에서 남긴 것이 아니라, 대대로 그 집에 살아오던 이경상 선생이 목숨을 걸고 지켜 낸 것입니다. 초가지붕을 슬레이트 지붕으로 바꾸고 전통 주택을 문화주택, 새마을 주택이라는 이름의 양옥집으로 바꾸던 1970년대 새마을운동 당시, 이경상 선생은 낫과 호미를 들고 당국자들에게 맞서 이 한옥을 지켜 냈다고 합니다. 그리고 20년이 흐른 뒤 '신도시 개발'이라는 이름으로 찾아온 또 한 번의 위기에도 목숨 걸고 농성해서 이곳을 지켜 냈습니다(《고양신문》 2018년 3월 30일 자 「또아리 지붕 위로 둥그런 하늘이 열리네」).

오늘날 한국 곳곳에 자리한 아파트 단지는 역사가 없는 황무지에 들어선 인간의 첫 번째 흔적이 아닙니다. 그리고 그곳에 간신히 남겨진 역사의 흔적은 우연히 남은 것이 아니라, 선주민(先住民)의 목숨 건 노력 덕에 겨우 살아남은 것입니다. '신도시 주민보다 그 수가 적다'는 이유로 이들 선주민의 존재를 지울 순 없으며, 저를 포함한 아파트 키드들은 자신이 그 땅의 첫 번째 주민도 마지막 주민도 아니라는 상대적인 인식을 지녀야 합니다.

신도시 건설에 대한 '농촌 고양' 주민들의 반발이 크다 보니 이들의 감정을 고려해서 일산 신도시의 아파트 단지에는 문촌, 장촌, 오마, 후곡, 성저, 문화, 장성 같은 농촌 고양 시절의 마을 이름이 붙여졌습니다. 한편 일산 신도시와 같은 시기에 건설되었지만 선주민의 저항이 비교적 적었던 경기도 성남시의 분당 신도시에서는 그런 경향이 드물게 나타났지요.

일산 신도시 서북쪽 끝에 자리한 장성마을 아파트 단지도 농촌 고양 시절의 마을 이름을 남긴 경우입니다. 다만 이곳은 전근대부터 이어진 자연 마을은 아니고, 6·25전쟁 때 작전상의 이유로 고향에서 쫓겨난 경기도 장단군 주민들이 수용된 마을이었습니다. 이렇게 피란민들이 수용된 마을을 '수용소'라고 불렀으며, 이들 피란민이 거주했다고 하여 붙여진 수용소마을, 수용소들, 수용소골 같은 지명이 전국 곳곳에서 확인되지요.

장성마을도 처음에는 수용소마을로 불리다가, 일산 신도시 건설이 발표되기 3년 전인 1986년에 '장단(長湍) 사람들이 성립(成立)시킨 마을'이라고 해서 장성마을이라는 이름이 붙여졌습니다.

비록 장단군 사람들이 살던 수용소 건물은 오늘날 남아 있지 않지만 '장성마을'이라는 이름이 붙게 된 유래를 설명하는 마을 비석이 신도시 블록 한쪽에 조성된 장성공원에 자리하고 있습니다. 그렇지만 일산 신도시에 거주하며 수없이 이 공원을 들른 분들도 마을 비석의 존재를 잘 알지 못하는 듯합니다.

연혁

우리 마을은 경기도 장단 군민으로서 1950년 6·25사변 당시 아군 작전상 소개 명령에 의하여 전 군민이 남하하여 경향 각처에서 흩어져 살던 중 서기 1953년 하절기에 행정 당국의 배려로 이곳에 천막을 치고 식량 및 의류 등 배급을 지급받으면서 이곳 야산을 개간하고 주택 200세대분을 지원받아 가옥을 건축함과 동시 서기 1954년 7월 20일 자 장단이주개척난민정착사업소 명칭으로 입주한 후 어언 30여 년간이 흘러오도록 마을 이름을 장단사업소 또는 수용소라고 불러 왔으나 금반 고양군문화원에서 군 역사 편찬에 즈음하여 서기 1986년 1월 25일 자 마을 총회에서 장성(長成)마을로 작명 결의하고 이 표석을 세웠으니 강호 제현께서는 우리 마을 이름을 반드시 귀엽고 사랑스럽게 불러 주시기를 간절히 바랍니다.

서기 1986년 춘분절

장성마을 주민 일동 건립

이렇게 비석의 내용을 지면에 남겨야, 만약 비석이 없어지더라도 평범한 시민들의 역사를 쓸 수 있는 자료를 후세에 전할 수 있습니다. 지배 집단의 기록밖에는 남은 것이 없으니 지배 집단 중심으로 역사를 서술할 수밖에 없다는 말이 다시는 나오지 않게 하는 것이, 민주공화국 한국의 시민이자 도시문헌학자인 제가 할 일이라고 믿습니다.

10

상업 시설과 공공시설

: 우리 곁의 문화유산

상업 시설을 감상하는 포인트

주거 시설에 이어 이제부터는 상업 시설, 그리고 시민들에게 널리 서비스를 제공하는 공공시설을 답사하는 방법을 알려 드리려 합니다. 상업 시설은 시민들 한 사람 한 사람, 또는 법인체가 각자의 목적과 취향에 따라 건설하다 보니 개성이 풍부합니다. 이에 반해 공공시설은 엄격한 제약에 따라 건설되다 보니 다양성이 상대적으로 부족하지요. 공공시설을 화려하게 지으면 '국민 세금을 낭비한다'고 비판받기 때문에, 최소한의 예산으로 표준 모델에 따라 짓는 경우가 많은 것이 다양성 부족의 가장 큰 원인입니다. 따라서 공공시설을 답사할 때는 개별 건물의 개성보다는 각 시대의 정부가 지니고 있던 세계관이 공공시설에 어떻게 반영되었는지를 확인하는 것이 포인트가 됩니다.

173

상업 시설과 주거 시설에서 가장 크게 차이가 나는 부분은 건물 입구 및 각 층의 바닥 장식입니다. 학생분들이 다니는 학원을 예로 들어 보겠습니다.

대개 학원은 복합 상가 건물 일부를 임차해 운영됩니다. 학생들은 상가 건물의 1층 로비를 통과한 뒤 계단을 오르거나 엘리베이터를 타고 학원에 도착하게 될 것입니다. 이때 1층 로비, 그리고 1층에서 2층으로 오르는 계단의 중간에 자리한 층계참을 유심히 들여다보시기 바랍니다. 건물을 지은 사람들은 바로 그 지점에 마름모, 별, 방패, 집중선 등의 기하학적 문양을 장식하거나 상징적이고 경사스러운 뜻을 담은 글자를 도안으로 새겨 넣곤 했습니다. 기쁠 희(喜)를 두 개 나란히 써서 두 배로 경사스럽다는 뜻을 담은 '쌍희 희'(囍), '목숨 수'(壽), '복 복'(福) 등의 글자가 주로 선택되었지요.

서울 영등포구의 어떤 상가 건물은 처음에 노동운동 관련 시설로서 건설되었다 보니, 기어(톱니바퀴) 문양 중간에 '노동'의 '노' 자를 한글로 도안해 로비 바닥을 장식했습니다. 한편 경상북도 영주시의 어느 건물 로비에는 '11,'이라는 글자가 새겨져 있는데, 아무리 봐도 무슨 의미인지 알기 어려웠습니다. 이런 경우 건물 로비에 장식된 글자는 일종의 수수께끼로서 기능하기도 합니다.

상업 시설과 공공시설의 입구나 건물 모퉁이에는 머릿돌(정초석)이 자리하기도 합니다. 어떤 경우에는 머릿돌이 로비의 바닥 장식과 한 쌍을 이루기도 하지요. 서울 영등포구의 어떤 건물에서는 핑크빛의 바람개비 문양과 '1980년 6월 18일에 이 건물을 지었다'는 정초석이 나란히 놓여 로비를 장식하고 있었습니다.

도판 1 서울 관악구 봉천동의 바닥 장식 (2020년 8월)
도판 2 대전 동구 원동의 바닥 장식 (2022년 6월)
도판 3 경북 영주시 영주동의 바닥 장식 (2020년 11월)
도판 4 서울 영등포구 영등포동2가의 바닥 장식 (2021년 10월)
도판 5 서울 영등포구 영등포동3가의 바닥 장식 (2020년 5월)
도판 6 서울 영등포구 양평동1가의 바닥 장식 (2019년 6월)

한편 상업 시설에서는 계단도 매력적입니다. 계단의 형태와 위치는 좁은 공간을 어떻게든 효율적으로 활용하고자 고민한 시민들의 심정을 드러냅니다. 또 건축 종사자나 연구자 분들은 건축가의 특성이 잘 드러나는 난간과 발코니, 창문 등에도 주목하는 것 같습니다.

벽돌이나 타일 등으로 꾸민 상업 시설의 벽도 답사 포인트가 되는데, 이 부분이 강조되면 서울 용산구의 숙명여자대학교나 종로구의 낙원아파트에서 볼 수 있는 것과 같은 벽화 작품이 됩니다. 특히 낙원아파트의 벽화 작품은 1969년 건물을 지을 때 건설 현장에 있던 이름을 알 수 없는 분이 새긴 것이라고 합니다(황두진『가장 도시적인 삶』). 따라서 낙원아파트의 벽화는 시민 예술의 좋은 사례이지요.

상가아파트, 병원, 철도역, 극장, 목욕탕

전국 곳곳을 답사하다 보면 특히 눈에 띄는 상업 시설들이 있습니다. 그 가운데 저는 상가아파트, 병원, 철도역, 극장, 목욕탕에 주목해서 기록하고 있지요.

상가아파트는 1960~1970년대에 많이 지어졌습니다. 요즘 말하는 주상 복합의 원형이지요. 주거와 직장을 결합한다는 획기적 발상에도 불구하고, 기술적인 한계 때문에 이 시기의 상가아파트는 도시 생활의 미래를 제시하지 못하고 잊혔습니다. 흔히 '한국 최초의 상가아파트'라고 하면 서울 종로구의 세운상가를 말하곤 하지만, 실제로는 1966년 준공된 서대문구 남가좌동 좌원상가아파트가 최초입니다.

상가아파트는 인천에서 독특하게 발전했습니다. 인천 구도심에는 위에서 내려다볼 때 삼각형 모양인 평화자유시장, 삼각형이 여러 겹 겹친 송림시장처럼 독특한 상가아파트가 여럿 존재합니다.

현재 대도시를 포함한 전 지역에서 1·2차 의료 기관의 폐업이 잇따르고 있습니다. 철도 교통이 개선되어 대도시의 3차 의료 기관으로 접근하는 시간이 단축되다 보니 지역 각지의 병의원들이 폐업하고, 자기 집 근처의 병의원이 폐업하다 보니 진료받기 위해 먼 곳으로 가야 하는 악순환이 나타나고 있지요.

또 100여 년 전의 기술과 자본으로는 극복하기 힘들었던 지형적 제약 요인을 오늘날에는 충분히 극복할 수 있다 보니, 기존 철도의 노선을 개량하거나 고속철도를 부설하는 사례가 최근 들어 늘고 있습니다. 그에 따라 노선이 바뀌는 등의 사정으로 폐지되는 철도역 역시 늘어나고 있지요. 중앙선의 옛 안동역이나 교외선의 송추역 등은, 소비에트 시절 모스크바의 지하철처럼 시민들이 감상할 수 있는 공공 미술로서도 답사 포인트가 됩니다.

도판 12   경기 화성시 송산면 사강리의 홍의원 (2021년 4월)
도판 13   경전선의 화순역 앞 대한통운 출장소 (2022년 8월)

이렇게 철도역이 폐업하면 역 근처 마을이 소멸하고, 철도역 주변의 기반 시설도 하나둘 사라집니다. 철도역 앞에 반드시 자리하던 대한통운 지점들이 잇따라 폐업하는 것이 대표적인 사례입니다(《해사신문》 2010년 11월 15일 자 「한국 물류의 역사와 함께한 대한통운 80년」).

극장과 목욕탕은 내부 공간의 규격이 일정하고 넓다 보니, 폐업하면서 다른 용도로 쓰이는 사례가 특히 눈에 띕니다. 일반적으로 극장은 슈퍼마켓으로 재활용되는 경우가 많고, 목욕탕은 교회나 식당을 비롯해 다양한 용도로 쓰입니다. 2019년 일본 도쿄도에서 목욕탕을 식당으로 바꾼 것을 보고 재미있어한 기억이 있는데, 한국에서도 유명 건축가가 설계했다는 충청북도 청주시의 목욕탕이 카페로 재활용되었습니다. 한편 서울 마포구 아현동의 '행화탕'은 1958년에 세워진 목조 목욕탕으로, 공공 기관에서 인수해 카페 등으로 활용하며 유명해졌지만 최근 철거되고 말았습니다.

목욕탕이라 하면 역시 굴뚝인데, 경상도 지역의 목욕탕 굴뚝은 다른 지역과 달리 둥근 모양이 인상적입니다. 아직 뚜렷한 결론을 내릴 수는

없지만, 경상도 지역의 둥근 목욕탕 굴뚝이 다른 지역의 네모나고 붉은 벽돌 굴뚝과 만나는 지점은 경상북도 경주시인 것 같습니다. 경주시 황오동의 중앙선 옛 경주역 뒤편에서 둥근 굴뚝과 네모난 굴뚝이 나란히 서 있는 모습을 볼 수 있지요.

시민의 목소리

상업 시설과 관련해, 지금부터 잠깐 다른 데로 눈을 돌려 보겠습니다. 수도권 전철 2호선 낙성대역에 자리한 편의점이 몇 년 전에 문을 닫았습니다. 과묵해 보이던 중년의 남성 사장님은 가게 문을 닫으면서 이런 폐업 인사를 남기셨지요.

> 그동안 감사했습니다. 그리고 행복했습니다. 여러분 건강하시고 꼭 부자 되세요!

재개발로 인해 가게 문을 닫게 된 서울 마포구 어느 식당의 사장님이 남기신 폐업 인사에서도, 그간 이용해 준 손님들에게 감사하는 마음을 절절히 느낄 수 있었습니다.

> 그동안 너무 감사했습니다. 한 분 한 분 인사드리지 못해 죄송합니다. 너무나 행복했고 고마웠습니다. 다시 만날 때까지 건강하시고 행복하셔요.

현대 한국의 곳곳을 걷다 보면, 이처럼 '작가'라 이름을 내세우지 않은 일반 시민들이 자기 심정을 훌륭하게 표현한 글을 발견하게 됩니다. 신도시 개발로 고향을 떠나게 된 '제자리 실향민'들이 세운 망향비, 새로이 건물을 세우는 마음을 압축적으로 담은 머릿돌, 재개발·재건축 사업에 대한 찬반양론이 담긴 팸플릿 등 한국의 도시에는 '시민의 문학'이 넘쳐 납니다. 이들 시민의 문학 가운데 가장 애잔하게 다가오는 것이 폐업 인사입니다.

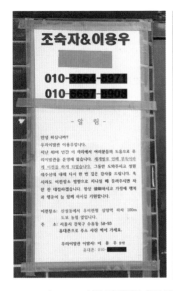
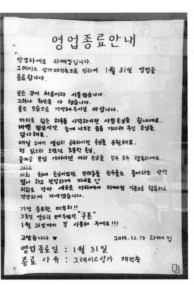

도판 17　　서울 동대문구 용두동의 목소리 (2019년 10월)
도판 18　　경기 과천시 별양동의 목소리 (2020년 9월)
도판 19　　경기 안양시 만안구 석수동의 목소리 (2020년 8월)

폐업의 이유는 여러 가지입니다. 북촌이나 서촌에 비하면 전혀 유명하지 않았지만 개량 기와집이 넘쳐 나던 서울 동대문구 용두동에서 재개발이 진행되며 강북구 수유동으로 이사하게 된 이발소 사장님은 다음과 같은 글을 남기셨습니다. 이사한 곳에서는 두 번 다시 재개발 걱정 없이, 은퇴하실 때까지 오래오래 가위를 잡으시기를 빕니다.

　　지난 40여 년간 이 자리에서 여러분들의 도움으로 우리이발관을 운영해 왔습니다. (⋯) 그동안 도와주시고 성원해 주신 데 대해 다시 한번 깊은 감사를 드립니다. 혹시라도 이전 장소 방향으로 지나실 때 들러 주시면 차 한잔 대접하겠습니다. 항상 건강하시고 가정에 행복과 행운이 늘 함께하시길 기원합니다.

한편 재건축을 둘러싼 분쟁이 장기간 이어지던 정부 과천 청사 앞 상가 건물 1층에서는, 재건축으로 인해 가게 문을 닫게 된 카페 사장님이 단정한 글씨로 남기신 폐업 인사를 봤습니다.

좋은 모습으로 기억해 주시길 바랍니다. 커피로 힘든 하루를 시작하시던 아침 손님들 힘내세요. 바쁜 점심시간 늦게 나오는 음료 기다려 주신 손님들 감사해요. 매일 오셔서 열심히 공부하시던 손님들 응원해요. 책 읽으러 오셨던 조용한 손님, 즐거운 모임 가지시던 여러 손님들 모두 모두 행복하세요. 그리고 저희 최애 손님이었던 반려동물 친구들도 좋아하는 산책 많이 하고 건강하게 지내요. 저희도 각자 새로운 자리에서 라떼킹 기운으로 행복하고 건강하게 지내겠습니다.

그런가 하면 경기도 안양시의 석수시장 외관에서는, 아마도 따님이 어머니 가게의 폐업을 알리고 코로나19가 유행하는 중에 동료 상인과 손님의 안녕과 평안을 기원하는 멋진 마지막 인사를 봤습니다.

모두 안녕하세요!! 35년간 운영해 온 저희 엄마의 '세일타운'이 드디어 10월 10일부로 문을 닫게 되었습니다! 그동안 저희 엄마께 많은 힘과 용기를 실어 주신 동료 상인 여러분들과 손님 여러분들께 진심으로 감사드립니다. 아마 여러분들이 아니었다면 오랜 기간을 엄마가 이토록 잘 견디어 낼 수 없었을 겁니다. 앞으로 새로운 인생을 시작할 엄마가 고운 꽃길만 걸을 수 있도록 응원해 주시길 부탁드립니다. 저도 더 열심히 효도하겠습니다! 마지막으로 코로나19로 인해 힘겨운 나날

들을 보내고 계시는 모든 분들께 안녕과 평안이 하루빨리 돌아오기를 기원합니다.

석수시장의 사장님은 개인 사정으로 폐업하는 것 같았지만, 인사 끝부분에 적혀 있듯 당시 코로나19로 힘든 시기를 보내는 상인분이 아주 많았습니다. 특히 유행 초기의 몇 달 사이에 폐업한 카페를 너무나 많이 봤지요. 인천 계양구의 어느 카페 정문에는, 코로나19로 인해 영업시간이 변경된다는 안내문과 더불어 "9/1(화)~9/11(금) 휴무합니다. 불편을 드려 죄송합니다."라는 장기간의 휴업을 알리는 글이 붙어 있었습니다. 사장님이 죄송해할 일이 아닌데, 왜 방역 당국이 아니라 카페 사장님이 시민들에게 죄송하다고 해야 하는지.

코로나19가 유행하던 초기에는 명절 때마다 사회적 거리 두기 단계가 상향 조정되면서 카페들이 테이크아웃 영업만 할 수 있었는데, 당시 이렇게 아예 휴업한 카페도 많았습니다. 그리고 이렇게 휴업에 들어갔다가 재개업하지 못하고 끝내 폐업에 이른 카페 또한 많지요. 아래에 폐업 인사를 소개한 대전서남부터미널의 편의점처럼, 코로나19 유행으로 인해 대중교통 이용률이 떨어짐에 따라 버스 터미널에서 영업하던 업체들이 문을 닫거나 터미널 자체가 운영 중단하는 사례도 많았습니다. 폐업해서 가장 곤란한 것은 자신일 텐데, 마지막까지 시민들의 불편을 염려하는 문구를 남긴 데서 편의점 사장님의 깊은 고민이 느껴집니다.

코로나19와 더불어 운행 노선들이 대부분 폐쇄되면서 개인 사정으로 인하여 부득이하게 영업을 종료합니다. 그동안 편의점을 이용해

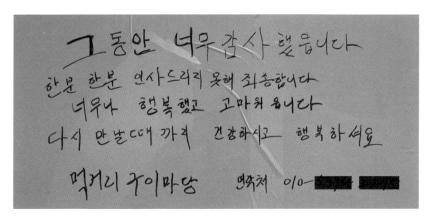

도판 20   서울 마포구 아현동의 목소리 (2022년 6월)

주신 이용객 여러분들의 성원에 깊은 감사 드립니다. 폐점으로 인하여 불편을 드려 죄송합니다.

역시 코로나19가 유행하던 초기, 서울 여의도 국회의사당 앞에서는 정부 방침에 따라 테이크아웃만 하는 '커피 전문점' 옆에서 '전통찻집'과 낮술을 파는 '식당'이 홀 영업으로 성업 중이었습니다. 이렇게 원칙 없이 일방적으로 카페의 홀 영업만 금지된 바람에, 소규모 카페를 개업하고 또 그런 카페에서 아르바이트하는 청년들이 큰 피해를 봤지요. 코로나19를 명목으로 신입 사원 채용을 줄이는 회사도 늘어나는 등, 특히 청년들에게 가혹한 지난 몇 년간이었습니다. 사회가 청년들에게 모든 짐을 떠넘기는 형국이었지요.

일본에서는 '버블 붕괴' 이후 '취업 빙하기'에 구직할 기회를 놓친 청년들이 그 뒤 대량으로 사회의 흐름에서 낙오되어 비정규직을 전전하는 상황이 사회문제로 떠오른 바 있습니다. 코로나19 유행이 시작된 2020년,

거리 곳곳의 폐업·휴업 인사를 보면서 한국에서도 마찬가지의 문제가 나타나고 있다는 예감이 들었습니다.

이 책이 출판되는 2023년, 코로나19에 대한 사회의 대응이 비로소 달라지는 중입니다. 하지만 지난 몇 년 동안 그 누구보다도 큰 피해를 당한 청년들의 미래를 진심으로 걱정하고 대책을 마련해 주려는 집단은 찾기 어렵습니다. 조금이나마 문제 해결의 실마리가 풀리기를 바라는 희망을 품으며, 폐업 인사와 휴업 인사에 담긴 시민들의 목소리를 동료 시민 여러분께 전해 드립니다.

공공시설을 감상하는 포인트

다시 돌아와서 이번에는 공공시설의 답사 포인트를 살펴보겠습니다. 상업 시설과 마찬가지로, 공공시설도 폐지된 뒤에 재활용되는 사례가 많습니다. 일례로 경찰파출소는 청소년 독서실 등의 다른 공공 용도로 쓰이거나, 민간에 매각되어 전혀 다른 용도로 사용되곤 합니다. 또 최근에는 우체국, 새마을금고, 농협창고 등을 개조한 카페가 전국적으로 인기를 끌고 있습니다. 취학 인구가 줄어서 문 닫은 학교를 수련원이나 미술관 등으로 재활용하는 사례도 잘 알려져 있습니다.

문 닫은 공공시설이 재활용된다는 것은 아직 그 지역에 상업적으로 활동할 인구가 남아 있다는 뜻입니다. 하지만 인구가 극적으로 줄어들어 소멸 위기에 처한 지역에서는 이렇게 재활용조차 되지 않고 그냥 버려지기 일쑤입니다.

충청북도 충주시 엄정면 목계리는 한때 남한강 목계 나루의 배후 지역으로 번성했습니다. "하늘은 날더러 구름이 되라 하고 / 땅은 날더러 바람이 되라 하네."라는 첫 구절로 유명한 신경림의 시 「목계 장터」(1976)가 당시 모습을 전합니다. 그처럼 번성하던 마을답게 이 지역에는 파출소, 농협, 우체국 등이 모두 갖춰져 있었습니다. 하지만 현재는 파출소만 민간에 매각되어 재활용될 뿐, 농협과 우체국은 버려져 있습니다. 이런 건물을 마주칠 때마다 인구 감소와 지방 소멸의 현실을 체감합니다.

도판 21   세종 연기면 연기리의 카페로 재활용된 옛 우체국 (2022년 7월)
도판 22   전북 익산시 갈산동의 사회복지 기관으로 쓰이는 옛 경찰서 (2020년 4월)

도판 23   경기 수원시 팔달구 교동의 수원시가족여성회관 (2021년 9월)
도판 24   서울 중구 수표동의 시범 상가 주택 (2019년 8월)

공공시설의 감상 포인트 가운데 하나는, 특유의 소박함입니다. 시민들에게 사치스럽다고 비판받지 않을 수준의 예산으로, 최대한 실용적으로 건물을 짓다 보니 공공시설의 독자적인 미학이 탄생했습니다.

한편 1950년대 후반, 이승만 대통령은 "외국인들에게도 부끄럽지 않"도록 '시범 상가 주택'을 당시 서울 중심부 주요 도로변에 건설하게 했습니다(박철수 『박철수의 거주 박물지』). 이는 대통령이 건물의 미적 가치를 인정하고 도시 정비를 추진한 최초의 사례일 것입니다. 그때 지은 건물들 가운데 일부가 지금도 남대문로와 을지로 등지에 남아 있습니다.

1970년대에 지어진 군청과 마을 회관, 다리 등은 박정희 정권 특유의 복숭아색으로 칠해진 뒤 오늘날까지 남아 있는 경우가 많습니다. '새마을 ○○교'라는 이름의 소박한 다리들, '멸공·방첩' 등의 구호가 적힌 복숭아색 또는 녹색의 농협창고는 반세기 전 사회 분위기를 전해 줍니다.

인상적인 건물들

지금까지 살펴본 감상 포인트들을 복합적으로 지닌 상업 시설과 공공 시설이 전국에 수없이 자리합니다. 여러분이 사는 곳에서도 이런 멋진 건물들을 쉽게 발견할 수 있을 것입니다. 유명 건축가가 설계한 건물이나 최근에 지은 대형 건물만이 답사의 대상이 되는 것은 아닙니다. 여기까지 말씀드린 답사 포인트를 익힌 뒤, 스마트폰을 들고 부지런히 여러분의 도시를 탐험해서 아름다운 건물들을 기록해 주시기 바랍니다.

도시를 답사하다가 가장 안타까운 순간은, 멋진 건물을 발견했는데 건물 앞에 주차된 차량 때문에 사진이 이쁘게 나오지 않는 경우입니다. 이럴 때마다 크레인으로 건물 앞 차량을 들어서 어딘가로 옮겨 버리고 싶은 마음마저 듭니다.

도판 25   충북 옥천군 옥천읍 마암리의 인상적인 건물 (2022년 6월)
도판 26   인천 중구 신흥동3가의 인상적인 건물 (2022년 4월)
도판 27   인천 동구 금곡동의 인상적인 건물 (2018년 7월)

하지만 이렇게 극단적인 방식이 아니더라도, 멋진 건물을 발견했다면 여러 차례 발품을 팔아서 차량이 없는 타이밍을 노려 보시길 권합니다. 인천 동구 배다리마을에 있는 단정한 한의원 건물은, 몇 년 동안 그 지역을 드나들던 중 우연히 어느 날 밤에야 촬영할 수 있었습니다. 마침 건물 앞에 주차된 차가 없었거든요. 답사의 가장 중요한 미덕은 끈기입니다.

도판 28　　인천 동구 창영동의 옛 동성한의원 (2020년 6월)

11

철도

: 서울에서 제주도에 이르기까지

철도와 함께 찾아온 근대

이 장에서는 철도에 초점을 둔 답사 방법을 소개합니다. 특히 현재 운행하고 있는 철도가 아닌, 이용이 정지된 '폐선'(廢線)에 주목하겠습니다.

1825년 영국에서 최초로 열차가 승객을 운송한 이래, 정확한 시간에 운행하는 시스템인 철도는 정시성(定時性)과 기계문명을 인간의 '제2의 본성'으로 만들었습니다. 철도는 곧 근대입니다. 전근대사회와 근대사회의 차이를 가장 잘 보여 주는 존재가 철도이지요. 제가 철도에 주목해 답사하는 이유도, 철도가 상징하는 근대화가 한반도에서 어떻게 진행되었는지를 확인하기 위해서입니다.

철도 기술은 탄생한 뒤로 꾸준히 개량되고 있습니다. 선로를 부설하던 초기에는 열차의 엔진 성능이 그리 좋지 않아 지형에 경사가 조금만 있어도 비탈을 피해 철로를 돌려야 했지요. 요즘 기술로는 터널을 뚫는 일이 어렵지 않지만, 당시에는 굴착 기술도 발달하지 않았고 자금 또한 부족했습니다. 그래서 어떻게든 평야를 찾아 선로를 놓다 보니, 요즘 사람들이 보기에는 이상하게 여겨지는 노선 형태도 많습니다. 사정이 이렇다 보니, 얼핏 보기에 이상한 노선의 형태를 설명하기 위해 풍수지리설 같은 비합리적인 주장이 동원되기도 합니다.

철도 기피 전설

한반도에 철도가 부설된 과정을 전하는 책을 읽다 보면 '제국주의의 수탈 도구'라느니, '민족의 아픔이 서려 있다'느니, '남북 분단으로 인해 잘려진 동맥'이라느니, '대륙으로 웅비하는 철도'라느니 하는 식의 비장한 수식어가 되풀이됩니다. '철도가 한반도에 부설된 것이 백몇십 년 전이고 한반도가 식민지에서 독립한 것이 수십 년 전인데, 언제까지 열등감과 피해 의식으로 똘똘 뭉쳐 있을 것인가?' 하는 답답함을 느낍니다.

철도에 대해 이런 분위기가 만연한 이유는, 한반도에 철도가 건설된 것이 외국 세력의 유입과 동시에 진행된 데서 비롯되었을 터입니다. 외국 세력을 향한 반감이 철도에 대한 반감으로 나타난 것이지요. 또한 철도가 놓이고 철도역이 만들어지면 역 주변에 근대적 도시가 탄생합니다. 철도가 만들어 낸 도시는 기존의 도로나 강, 바다를 따라 형성된 마을들을 쇠락시키곤 합니다. 그 과정에서 피해를 본 지역 주민들의 감정이 외국 세력에 대한 반감과 결합해, 한국에서는 오늘날까지도 철도를 둘러싼 온갖

낭설과 미신이 떠돕니다. 특히 철도를 놓느라 터널을 뚫는 바람에 마을이 풍수지리적으로 안 좋아졌다는 식의 주장이 많지요. 한편 충청남도 공주시 같은 지역은 양반 집단이 철도 부설을 반대하는 바람에 선로가 놓이지 않았다고 이야기되기도 합니다. 하지만 충청남도역사문화연구원에서 출판한 『근대도시 공주의 탄생』(메디치, 2021)의 제2장 제목 '공주도 철도를 원했다'가 말해 주듯, 이 역시 낭설에 불과합니다.

나아가 철도의 등장이 전통 마을을 쇠락시켰다든지, 철도 부설을 막기 위해 마을 사람들이 들고일어났다든지 하는 식의 전설은 한반도에만 있는 것이 아닙니다. 한반도 곳곳에 수많은 철도 노선을 놓은 바로 그 일본에도, 똑같이 철도에 반대한 사람들에 대한 근대 전설이 무수히 존재하지요. 일본에서 평생에 걸쳐 철도의 문화사를 연구해 온 아오키 에이이치 선생은 『철도 기피 전설의 수수께끼: 기차가 온 마을, 오지 않은 마을[鉄道忌避伝説の謎: 汽車が来た町、来なかった町]』(2006)에서, 다음과 같이 선행 연구자의 주장을 재인용하며 그러한 전설이 대부분 근거가 없음을 밝힙니다.

> 실제로는 철도를 기피했다는 구체적인 사례를 실증할 수 있는 케이스는 드물다. 간선철도가 마을 중심부를 회피하는 형태로 존재하는 경우, 그 원인을 밝히려는 과정에서 결과론적으로 철도 기피 전설을 만들어 냈다고 생각하는 것이 적절하다.
>
> ― 아오키 에이이치, 『철도 기피 전설의 수수께끼』, 요시카와코분칸, 2006.

철도와 한반도의 관계에 대해 열등감과 피해 의식에 사로잡힌 이야기만 접하던 어느 날, 정재정 선생의 『철도와 근대 서울』(국학자료원, 2018)

머리말을 읽고는 답답했던 속이 뚫리는 듯한 느낌을 받았습니다. 이제는 한국 사회가 언제까지 남 탓만 하는 정신세계를 벗어나서, 자기 사회를 객관적으로 바라보고 설계할 줄 아는 분위기가 정착하면 좋겠습니다.

한국처럼 식민지 지배를 경험한 나라의 철도 역사 연구는 '침략'과 '개발'이라는 상반된 시각에서 이루어지기 쉽다. (…)

그렇지만 철도 자체가 어느 한쪽의 기능만을 가지고 있는 것은 아니다. (…) 식민지에서 철도가 실제로 수행한 역할은 '침략'과 '개발'의 경계를 훨씬 뛰어넘는다. 철도는 '침략'과 '개발'의 속성을 다 가지고 있으면서, 한국과 세계에 훨씬 더 복잡하고 다양한 영향을 광범하게 미쳤다. 철도는 어느 지역을 막론하고 19세기 중반에서 20세기 중반까지 근대 문명을 창출하고 확산시킨 가장 강력한 교통수단이자 산업 기구였기 때문이다.

— 정재정. 『철도와 근대 서울』, 국학자료원, 2018: 5쪽.

과거의 철길을 찾아내는 법

기술과 자금이 부족하던 시절에 놓인 철도 노선은 오늘날 들어 개량되고 직선화되는 중입니다. 새로운 노선이 생겨나면 폐기되는 노선도 있는 법. 경인선이 운영되기 시작한 19세기 말부터 20세기 초 사이에 이미 폐기되는 노선이 생겼고, 최근에는 장항선과 중앙선이 거의 전부 새로 놓이며 대규모로 폐선이 발생했습니다. 철도 노선을 놓기로 했다가 도중에 계획이 바뀌는 바람에, 선로 부설 예정 부지만 길쭉하게 형태를 남긴 곳도 있습니다.

열차가 다니지 않게 된 폐선 자리는 여러 용도로 쓰입니다. 광주의 푸른길이나 서울의 경의선숲길과 경춘선숲길처럼 공원으로 조성된 곳도 있고, 최초의 경춘선이 놓였던 서울 동대문구나 성북구처럼 도로로 바뀐 곳도 있습니다. 빈 땅을 놀려 두기에는 아깝고 가뜩이나 공원이 부족한 '도시'이다 보니 일어나는 현상입니다. 그러니 여러분이 걸어 다니는 길, 찾아다니는 공원이 한때 철로였거나 철도 역사(驛舍)였을지도 모를 일입니다. 현재 운행되는 철길을 답사하는 일은 위험할 뿐만 아니라 법률로도 금지되어 있지만, 더는 열차가 다니지 않는 폐선은 도시의 과거를 안전하게 추적하는 훌륭한 안내자가 되어 줍니다.

폐선을 찾는 데 가장 좋은 힌트는 예전에 제작된 지도와 철도 노선도입니다. 한반도 철도의 밑바탕을 이루는 경인선과 경부선이 놓인 때가 구한말에서 식민지 시기이다 보니, 옛 철도 노선을 알 수 있는 지도는 식민지 시기에 제작된 것이 많습니다. 그 가운데 제가 소장한 채색 지도를 소개하겠습니다. 오키 하루조라는 사람이 1927년에 출판한 『취미의 조선 여행[趣味の朝鮮の旅]』에 첨부된 것입니다. 그 당시에는 요시다 하쓰사부로(1884~1955)라는 화가가 이런 채색 지도를 잘 그려서, 많은 화가가 그의 화풍을 좇았습니다. 이 지도 역시 요시다를 따라 한 아류작입니다.

지도 속 주인공은 태백산맥과 금강산입니다. 윗부분에 과장되게 그려져 있는 것이 보이지요(다음 쪽 참고). 금강산은 옛 대일본제국 전체에서도 손에 꼽는 관광지였다 보니, 당시 조선 관광이라고 하면 금강산을 빼놓을 수 없었습니다.

도판 1　　『취미의 조선 여행』에 실린 채색 지도

　　한편 철도의 관점에서 보자면 이 채색 지도는 조선총독부 철도국이 각지의 사설 철도, 즉 사철들을 국유화하기 전에 제작되었다는 특징을 지닙니다. 오늘날 공공 기관이 운영하는 전라선, 경전선, 수인선 등은 원래 국가 소유가 아니라 민간 회사 소유였습니다. 요즘식으로 말한다면 민자 철도였지요.

　　두 번째로 소개하고 싶은 것은 1972년 철도청에서 제작한 『디젤기관차 형별 배선도』라는 교재에 실린 당시의 철도 노선도입니다. 식민지 시기에 놓인 철도 노선이 최근 대대적으로 개량되고 있는데, 이 노선도에는 식민지 시기와 최근의 중간 시점에 철도 노선의 형태가 어떠했는지 잘 나타나 있습니다. 먼저 소사역(지금의 부천역)에서 김포공항으로 들어가던 '김포선'(5번), 수원역에서 여주역까지 운행하던 '수려선'(27번), 천안역과 안성역 사이에 놓여 있던 '안성선'(28번) 등 지금은 사라진 수많은 노선이

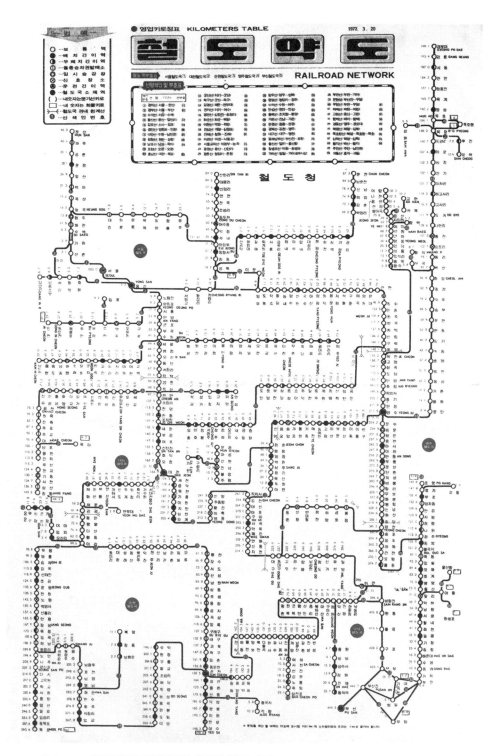

도판 2 『디젤기관차 형별 배선도』에 실린 철도 노선도

보입니다. 그리고 울산 부근의 철도 노선도에도 달리역이나 야음역처럼 사라진 철도역들이 보이지요. 철도와 관련된 업무를 하고 계신 김형목, 정용태, 류기윤 세 분 선생님을 통해 이 귀중한 자료를 제공받았습니다.

폐선 따라 전국 여행

운영이 정지된 옛 철도 노선과 철도 역사, 철교 등은 전국적으로 널리 확인됩니다. 여기서 전부 소개할 수 없을 정도로 곳곳에 수많은 흔적이 남겨져 있지요. 이 글에서는 서울에서 제주도에 이르기까지, 특히 중요하면서도 여러분이 쉽게 찾아갈 만한 폐선을 소개해 보겠습니다.

우선 서울에서 가장 유명한 폐선의 흔적은 경의선숲길과 경춘선숲길입니다. 경의선숲길은 정확히는 '용산선숲길'이라고 불러야 합니다. 용산선은 용산역에서 가좌역까지 운행되던 노선인데, 이 노선을 지하화하며 지상에 생긴 빈 땅을 공원으로 바꾼 것이 경의선숲길입니다.

경의선숲길에 이어 경춘선의 일부 폐선 구간도 공원으로 탈바꿈했습니다. 1939년 개업한 경춘선은 처음에는 사설 철도였기 때문에 국철인 청량리역을 이용하지 못했습니다. 그래서 지금의 수도권 전철 1호선 제기동역 근처에 성동역을 별도로 만들어 운행했지요. 성동역에서 성북역(현재 광운대역)에 이르는 경춘선 폐선 자리는 도로로 바뀌었고, 성북역부터 오늘날 갈매역 부근까지의 폐선은 경춘선숲길로 조성되었습니다.

제가 가장 좋아하는 서울 시내의 폐선은 영등포인입선입니다. 영등포역에서 수도권 전철 2·9호선 당산역 근처까지 놓여 있던 화물 철도 노선

도판 3 서울 동대문구 제기동의 골목(제기로11길). 과거에는 경춘선 철길이었다. (2018년 6월)

으로, 현재는 도로로 바뀌었습니다. 옛 경성방직 공장을 재건축한 타임스 퀘어의 서남쪽에 있는 고가도로는 예전 영등포인입선의 형태를 따라 놓인 것입니다. 또 경기도 의왕시에서 남양주시까지는 남부순환선이라는 화물 철도가 놓일 예정이었다가 계획이 취소되었는데, 그 부지의 일부가 현재 서울 송파구의 문정근린공원으로 활용되고 있습니다.

경기도에서 인상적인 폐선은 수원-용인-이천-여주 사이를 운행하던 수려선입니다. 1930년부터 1972년까지 운행되던 수려선의 폐선 자리는

도판 4   경기 안성시 석정동의 안성선 폐선 구간 (2020년 5월)

대부분 도로로 바뀌었습니다. 다만 여주시 세종대왕면 매류리에는 옛 수려선 매류역의 모습을 그린 벽화가 남아 있습니다. 벽화에 적힌 "아! 옛날이여… 60년도 매류역과 마을 풍경"이라는 문구가 눈길을 끕니다. 매류리가 이제는 한적한 시골 마을이지만, 한때는 증기기관차가 다니던 번성한 역전(驛前) 마을이었음을 전하는 벽화입니다.

수려선을 운영하던 조선경동철도주식회사는 수원과 인천 사이에 수인선도 놓았습니다. 수려선이 폐지되자 수인선 또한 운영이 어려워져 1995년에 사실상 폐업했지요. 하지만 수려선과 달리 수인선은 2016년에 수도권 전철로 부활합니다. 옛 수인선 노선은 대부분 전철 수인선 노선으로 재활용되었지만 일부 지역에서는 여전히 그 흔적을 찾을 수 있습니다. 한편 충청남도 천안시에서 경기도 안성시, 이천시 장호원읍에 이르는 구간에도 1925년부터 1989년까지 안성선 철도가 운영되었습니다. 안성선 폐선 구간은 안성 시내에서는 도로로, 농촌 지대에서는 농로로 활용되어 여전히 그 흔적을 잘 남기고 있지요.

충청남도에서는 1931년부터 전 구간의 영업을 개시한 장항선이 최근 선로를 개량하고 전철화하며 폐선 구간을 대량으로 만들어 내는 중입니다. 그 가운데 수도권 전철 1호선 배방역 인근에 자리하던 옛 모산역과 관련해 기억해야 할 비석이 하나 있습니다. 1970년 10월 14일, 수학여행을 떠난 서울의 경서중학교 일행을 태운 버스가 이 근처 건널목에서 열차와 충돌해 마흔여섯 명이 사망한 일을 추모하는 위령비입니다.

도판 5 **충남 아산시 배방읍 공수리의 모산역 철도 건널목 참사 위령비** (2019년 3월)

한편 1968년 충청남도 서천군 비인면에 공업단지를 조성하기로 결정하고 비인선이라는 철도 노선을 건설하던 중, 공업단지를 비인 대신 울산에 세우기로 하면서 비인선 공사가 중단되는 일이 있었습니다. 이 때문에 철로를 놓기 전에 먼저 건설한 교량과 터널이 현재도 몇 개 남아 있지요.

충청북도에는 산업 철도의 성격을 띤 충북선과 관련한 폐선 흔적이 많습니다. 1921년에 조선중앙철도주식회사가 영업을 개시한 충북선은, 청주 시가지가 확장하며 어느새인가 시내 한복판을 달리게 되었습니다. 그래서 1968년과 1980년에 청주역을 도시 바깥으로 옮겼지요. 역을 옮

도판 6 청주 시내의 충북선 노선과 청주역 위치가 바뀐 과정을 보여 주는 전시물 (2022년 12월)

긴 뒤에 남은 폐선 자리는 도로로 활용되어서 지금도 그 흔적을 쉽게 찾을 수 있습니다.

강원도에서는 동해북부선으로 쓰이다가 폐지된 구간, 그리고 건설하던 도중에 일본이 패망하며 공사가 중단된 구간이 현재 도로로 사용되고 있습니다. 원산역에서 안변역을 거쳐 남쪽으로 내려오던 동해북부선은 양양역까지 운행하다가 폐지되었으며, 지금도 옛 양양역 플랫폼이 수풀에 덮인 채 원형을 유지 중입니다. 공사가 중단된 양양역 남쪽 구간은 대부분 7번 국도로 활용되고, 버려진 교각 가운데 일부는 산책로로 개조되었습니다.

이 구간에서 특히 인상적인 곳은 강릉시 주문진읍의 주문진역 예정지입니다. 공사가 중단되었지만 주문진역 예정지의 플랫폼은 여전히 잘 남아 있고, 그곳으로 열차가 한 번도 운행된 적이 없음에도 불구하고 철길

주변 특유의 느낌이 짙게 다가옵니다. 심지어는 철길 노반을 재활용한 도로의 이름도 '철둑길'입니다.

한편 경상북도에는 경북선, 경동선, 동해중부선 등의 폐선이 다양하게 남아 있습니다. 경북선은 1931년에 김천-상주-점촌-예천-안동 구간이 개통되었으나, 태평양전쟁의 여파로 물자가 부족해진 일본 정부가 이내 점촌-예천-안동 구간의 철로를 걷어 갔습니다. 한국 정부는 1962년에 경북선을 재개통했는데, 기존처럼 예천에서 안동으로 향하는 대신 예천에서 영주를 잇는 새로운 노선을 놓았지요. 이 바람에 예천-안동 구간에 경북선 폐선 흔적이 많이 남게 되었습니다. 그에 더해 최근에는 안동 시내 중심부에 있던 안동역이 외곽으로 옮겨 가면서 중앙선 폐선 구간도 생겨났습니다.

도판 8   한때 경북선과 중앙선이 만나던 옛 안동역 근처의 여인숙 (2022년 3월)

도판 9   경북 경산시 하양읍 남하리의 네 가지 철도가 이뤄 내는 시층. '공사 중' 표지판 오른쪽의
         터가 협궤 경동선의 흔적이고, '위험' 표지판 뒤의 구조물이 표준궤 대구선의 흔적이며,
         왼편으로 멀리 내다보이는 방음벽이 쳐진 고가철도가 현재 운행 중인 대구선 신선이고,
         앞쪽에 공사 중인 교각은 대구 도시철도 1호선의 연장 예정 구간이다. (2022년 3월)

도판 10　　경북 포항시 북구 청하면 필화리의 청하역 예정지에 남은 플랫폼 (2021년 8월)

　　경동선은 대구에서 경주를 거쳐 포항과 울산으로 각각 이어지던 협궤 철도 노선입니다. 그 뒤 복잡한 변천을 거치며 폐선 구간이 많이 발생했지요. 현재 경산시 하양읍 남하리에서는 폐선이 된 협궤 경동선과 표준궤 대구선, 운행 중인 대구선 신선(新線), 개통 예정인 대구 도시철도 1호선 안심-하양 연장선 등 네 가지 철도의 모습을 한자리에서 볼 수 있습니다. 지난 100년간 이곳을 통과한 철도들이 이뤄 내는 시층(時層, time layers)이 장관입니다.

　　또 경상북도에는 포항에서 북쪽으로 주문진과 양양 등을 거쳐 원산까지 이어질 예정이던 동해중부선을 공사하다가 중단된 흔적도 많이 남아 있습니다. 특히 포항시 북구 청하면에 남은 청하역 예정지의 플랫폼이 자아내는 경관은, 제가 전국을 답사하면서 확인한 폐선 관련 풍경 가운데 가장 아름다웠습니다.

전라북도에서는 전라선이 전주 시내를 관통하던 구간이 대표적입니다. 충청북도 청주시와 마찬가지로 도심의 철로를 외곽 지역으로 옮기면서 대부분 구간이 폐선으로 남았고, 전주 시내 북부의 일부 구간만 북전주선이라는 이름이 붙어 산업 철도로 사용됩니다. 공업 도시의 면모를 보여 주는 전주시 북부의 산업 단지 한복판에 옛 전라선 폐철교가 남아 눈길을 끕니다.

도판 11   전북 전주시 덕진구 팔복동4가의
옛 전라선 폐철교 (2021년 10월)

그런가 하면 전라남도에는 광주와 주변 지역을 이어 주던 철도 노선이 폐선 흔적을 전해 줍니다. 전라남도청이 광주에 있던 시절, 광주역에서 동남쪽으로 남광주역을 거쳐 벌교역과 순천역으로 향하던 경전선 철로가 광주 시내를 지났습니다. 경전선이 광주시 외곽으로 노선을 바꾸면서 발생한 폐선 자리는 '푸른길'이라는 공원으로 조성되었지요. 푸른길은 폐선을 공원화한 첫 사례로서, 이후 서울의 경의선숲길 사업을 비롯해 전국에 영향을 미쳤습니다.

한편 1922년에는 광주역과 담양역을 잇는 전남선이 개통했습니다. 원래 전남선은 동쪽으로 계속 나아가 전라선과 만날 예정이었지만, 경북선과 마찬가지로 태평양전쟁 중에 전쟁 물자로 사용하기 위해 철로가 철거되었지요. 오늘날 광주역과는 다른 위치에 있던 옛 광주역에서 시작된 철로는 망월역, 장산역, 마항역을 거쳐서 담양역에 이르렀습니다. 그 가운데 현재 망월역과 장산역, 담양역의 플랫폼이 잘 남아 있습니다. 이후 담양역에서 동쪽으로 철로를 이어 전라선과 만나게 한다는 식민지 시기의 구상을 이어받아 1965년에 공사가 재개되었지만, 또다시 중단되고 맙니다. 그때 먼저 공사를 마친 일부 교량 등도 폐선 흔적으로서 담양군과 순창군, 남원시 등지에 남아 있습니다.

마지막으로 제주도. 오늘날에는 열차가 다니지 않는 제주도에도 폐선 흔적이 있습니다. 제주시 건입동 용진교 옆에 이곳이 '도록고'[トロッコ, 도롯코] 궤도 열차의 출발 지점이었음을 알리는 비석이 세워져 있거든요. 지붕 없는 화물차를 뜻하는 '트럭'(truck)에서 유래된 이 궤도차는 여러분이 생각하는 일반적인 열차와 다르지만, 레일을 깔고 차량을 놓아 사람과 화물을 날랐다는 점에서는 넓은 의미의 철도 가족입니다. 도록고 궤도 열차는 1929년 협재와 김녕 사이에서 운행을 시작했다가 1931년에 영업을 정지했는데, 일부 노선은 일본이 패전할 때까지 화물 운반용으로 쓰였다고 합니다.

제주도의 도록고 열차는 그 실체가 거의 알려지지 않았습니다. 도록고 열차 말고도 전국 곳곳에는 수많은 폐선 흔적이 여러분의 조사를 기다리고 있지요. 타지 사람들은 현지에 대한 지형 감각이 없어서 이런 흔적을 찾기가 쉽지 않습니다. 부디 여러분이 사는 지역을 달리던 철도가 어떤 모습으로 바뀌고 활용되는지를 기록해 세상에 널리 알려 주시면 좋겠습니다.

12

버스 정류장

: 붙은 이름, 남은 이름

가장 긴 버스 정류장 이름

이 장에서는 여러분이 주변에서 가장 흔하게 볼 수 있는 포인트에 주목합니다. 바로 버스 정류장입니다.

시내버스나 마을버스는 지역을 구석구석 운행하기 때문에 정류장을 수많은 곳에 둬야 합니다. 그 많은 정류장에 하나하나 이름을 붙여야 하다 보니 '○○시청'이나 '○○동 행정복지센터'처럼 눈에 띄는 관공서나 공공시설의 이름뿐만 아니라, 정말 신기한 이름이 채택되는 경우도 꽤 많습니다. 또 일단 버스 정류장에 붙은 이름은 사람들의 생활 속에 깊숙이 각인되어 친숙하게 쓰입니다. 이렇다 보니 해당 시설이 사라진 뒤에도, 버스 정류장 이름에는 계속해서 예전 시설의 존재가 고스란히 남겨지곤 합니다.

도판 1   버스 정보 안내판에서 확인되는 '우리나라 최대 왕릉군인 동구릉' 정류장 (2020년 5월)

재미있는 버스 정류장 이름 가운데, 제일 먼저 소개하고 싶은 것은 한동안 한국에서 가장 길었던 버스 정류장 이름입니다. 바로 열세 글자짜리 '우리나라 최대 왕릉군인 동구릉'입니다.

이 버스 정류장은 서울 동쪽에 자리한 경기도 구리시 인창동에 있습니다. 구리, 서울, 남양주, 의정부를 오가는 수많은 버스 노선이 이곳을 지나가므로 그 이름을 안내 방송으로 들어 본 분도 꽤 있을 것입니다. 저 역시 서울 동부의 강변역에서 의정부 동부까지 이동하려고 버스를 탔다가, 안내 방송에서 "다음 정류장은 '우리나라 최대 왕릉군인 동구릉'입니다."라는 말이 흘러나와 깜짝 놀란 기억이 있습니다.

동구릉은 조선 제1대 국왕인 태조를 비롯한 열일곱 명의 왕과 왕비, 추존 왕·왕비 등이 묻힌 총 아홉 개 무덤이 있는 사적지입니다. 2009년 유네스코(UNESCO) 세계유산으로 등재된 국제적 명소이지요. 하지만 구리시 공무원분들은 동구릉이 경주의 왕릉군이나 서울 송파구의 한성 백제 고분군에 비해 존재감이 약하다고 느끼는 것 같습니다. 그래서 이렇게 동구릉의 존재 의의를 강조하는 버스 정류장 이름을 붙인 듯하네요. 구리시의 성의를 봐서라도 동구릉을 많이들 방문해 주시면 좋겠습니다.

참고로 구리시는 '남한 최대의 고구려 도시'라는 이미지도 밀고 있습니다. 아차산 자락에 고구려 요새 유적이 분포해 그렇게 이미지 메이킹을 하고 있는데, 사실 이 지점에서도 충청북도 충주시의 중원고구려비에 지명도가 밀리는 감이 없지 않습니다. 구리시의 분발을 빕니다.

특이한 것 없는 곳의 독특한 이름

버스 정류장은 사람이 많이 사는 도회지뿐만 아니라, 인적이 드문 산속 마을 앞에도 세워집니다. 비록 그곳에 정차하는 버스가 하루에 한 대뿐이더라도, 정류장이 설치된 이상 거기에는 이름이 있어야 합니다. 그래서 별다른 특징이 없는 곳의 버스 정류장에는 오히려 독특한 이름이 붙곤 합니다.

강원도 태백시 상사미동에는 '권춘섭 집 앞'이라는 이름의 버스 정류장이 있습니다. 권춘섭 씨가 어떤 분인지는 모르겠지만, 사람 이름이 붙은 특이한 버스 정류장으로 전국에 널리 알려져 있으니 꽤 지명도를 획득한 셈입니다.

하지만 이렇게 누구네 집 앞이라고 붙이기조차 곤란한 장소에서는 '○○ 건너', '○○ 건너편', '○○ 맞은편' 등의 이름이 버스 정류장에 붙여집니다. 전라남도 여수시 26-1번 시내버스는 서시장 건너, 문수주택단지 건너, 제이플러스펜션 건너, 용문사 입구 건너, 동백원 건너, 여명학교 건너, 쌍봉초등학교 건너, 성학맨션 건너, 장미미용실 건너, 진남초등학교 건너와 같이 열 개의 '○○ 건너' 정류장을 지나갑니다. 여수시립쌍봉도서관에 강연하러 가서 이 버스를 탔다가, 끝없이 이어지는 '○○ 건너' 정류장들과 주변의 한적한 경관에 감탄한 기억이 있네요. 서울 관악구의 '보성운수 차고지 맞은편'이나 경기도 안산시의 '수암파출소 건너편'처럼 도회지에서도 이런 이름을 찾을 수 있습니다.

그런가 하면 버스 정류장 주변의 식당이나 슈퍼마켓에서 이름을 따온 사례도 확인됩니다. 경기도 포천시 소흘읍 고모리에는 '욕쟁이할머니집' 버스 정류장이 있지요. 이 이름은 그 근처에서 영업하는 식당 이름에서 비롯된 것입니다.

물론 서울 중랑구 면목동의 '공판장' 버스 정류장처럼 특정한 가게 이름을 가리키지 않는 사례도 존재합니다. 공판장은 원래 "농·축·수산물의 도매를 위해 만들어진 시설"로 "농·수·축협 지역 조합이나 중앙회, 조공(조합 공동 사업) 법인, 공익법인 등이 개설"하며 "산지 가까이에" 자리합니다(《한국농정신문》 2020년 1월 5일 자 「도매시장과 공판장은 같은 건가요?」). 하지만 면목동의 '공판장' 버스 정류장에 이름을 빌려준 공판장은 이런 도매 시설이 아니라, 농협 등이 직영해 신선한 농·수·축산물을 판매한다는 신뢰성을 주는 소매업이라고 봐야 하겠습니다.

한편 서울 성북구 장위동에 있는 'GS25 편의점 (구) 소망슈퍼' 버스 정류장은 특정한 슈퍼마켓의 이름이 붙은 사례입니다. 면목동의 '공판장'은 주변에 슈퍼마켓이 한 곳밖에 없다 보니 자연스레 변별력이 생겨서 마을 사람들이 모두 그 위치를 알았을 것입니다. 반면 'GS25 편의점 (구) 소망슈퍼'의 경우는 마을에 여러 개의 슈퍼마켓이 있다 보니 특정한 상호를 버스 정류장에 드러냈겠지요. 그리고 개인이 영업하던 슈퍼마켓이 편의점 체인에 흡수되면서 마침내 이러한 버스 정류장 이름이 생겨났을 것입니다. 장위동의 소망슈퍼는 마을 주민분들에게 꽤 인지도가 높았던 모양입니다.

업체 이름을 붙인 특이한 버스 정류장으로는 인천 부평구 청천동의 '영아다방' 정류장 또한 꼽을 수 있습니다. 아마도 전국에서 유일하게 다방 이름을 붙인 버스 정류장이었을 것입니다. 영아다방이 일대에서 워낙 유명한 업체였다 보니, 버스 정류장에까지 이름이 붙은 것이지요. 하지만 역시나 다방 이름이 버스 정류장에 붙은 데 대한 지역 주민들의 항의가 있었던지, 이 정류장 이름은 사라져 버렸습니다.

도시 화석이 된 버스 정류장

'GS25 편의점 (구) 소망슈퍼' 버스 정류장처럼 예전 시설의 이름을 간직한 정류장을 전국에서 흔히 찾을 수 있습니다. 이런 것을 가리켜 저는 '도시 화석'이라고 부릅니다. 도시의 옛 흔적을 찾을 수 있는 화석 같은 존재라는 의미입니다. 저는 버스 정류장을 주로 이런 관점에서 답사합니다.

서울 서대문구 연희동의 '연희 104고지 (구) 성산회관'은 서울시 서북부 주민뿐 아니라, 핫 플레이스로 떠오른 '연희동'을 찾는 분들에게도 널리 알려진 버스 정류장일 것입니다. 성산회관은 2010년쯤까지 영업하던

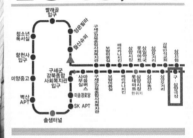

도판 2	서울 중랑구 면목동의 '공판장' 버스 정류장 (2020년 5월)
도판 3	서울 서초구 서초동에 있던 '구 영동중학교' 버스 정류장. 지금은 '서초문화예술정보학교'로 정류장 이름이 바뀌었다. (2018년 9월)
도판 4	인천 부평구 청천동의 '영아다방' 버스 정류장 (2018년 6월)
도판 5	서울 서대문구 연희동의 '연희 104고지 (구) 성산회관' 버스 정류장 (2018년 12월)
도판 6	버스 정보 안내판에서 확인되는 '구 삼양극장' 정류장 (2021년 5월)
도판 7	서울 성북구 장위동의 'GS25 편의점 (구) 소망슈퍼' 버스 정류장 (2019년 10월)

한식당입니다. 지금은 폐업하고 건물도 철거되었지만, 워낙에 지명도가 높은 시설이었다 보니 이렇게 아직도 버스 정류장 이름에 그 존재를 남기고 있지요.

한편 서울 강남구 도곡동에 있는 '뱅뱅 사거리/구 영동중학교' 버스 정류장은, 1969년부터 2013년까지 그 건너편 서초구 서초동에 터를 잡았다가 우면동으로 옮겨 간 영동중학교의 존재를 전하는 유일한 도시 화석입니다. 1969년에 양재여자중학교라는 이름으로 개교한 뒤 1972년 영동여자중학교로, 1973년 영동중학교로 이름을 바꾼 이 학교는 서울 서초구와 강남구 일대가 원래는 '영등포의 동쪽'이라는 뜻에서 '영동'으로 불렸음을 증언했습니다. 지금은 서초문화예술정보학교가 구 영동중학교 땅에 들어섰지요. 그래서 예전에 '구 영동중학교'라 불리던 서초구 서초동의 버스 정류장 이름도 현재는 '서초문화예술정보학교'로 바뀌었으며, '구 영동중학교'의 이름을 여전히 간직한 정류장은 행정구역이 다른 강남구 도곡동의 한 곳뿐입니다.

과거에 극장은 마을의 상징물(landmark)이자 만남의 장소였으며, 거의 유일한 문화시설이었습니다. 서울 강북구 미아동의 '구 삼양극장'이나 관악구 신림동의 '삼모타워 구 신림극장' 같은 버스 정류장은 이러한 기억을 떠올리게 합니다.

그런가 하면 충청남도 예산군 예산읍의 '(구) 충남방적' 버스 정류장은 이제는 폐쇄된 산업 시설인 충남방적주식회사 예산공장에서 그 이름을 따왔습니다. 이 공장은 한때 예산군 전체의 경제를 좌우할 정도로 매우 중요한 시설이었기 때문에(《금강일보》 2011년 10월 25일 자 「옛 충남방적 부지 활용 관건」), 폐업한 지 20여 년이 지난 지금까지도 버스 정류장에 이름을

도판 8   충남 예산군 예산읍 창소리의 '(구) 충남방적' 버스 정류장 (2020년 8월)
도판 9   옛 충남방적주식회사 예산공장 (2020년 8월)

남기고 있지요. 2001년 충남방적 예산공장이 폐업하면서 지역 상권이 무너지다 보니, 공장 맞은편에 건설 중이던 고층 아파트도 공사가 중단되어 버렸습니다.

이제는 폐업한 산업 유산의 이름을 남긴 버스 정류장으로서 인상적이었던 곳은 강원도 영월군 감삿갓면의 '삭도' 정류장입니다. 예전에 옥동광업소에서 태백선 석항역까지 석탄을 운반하던 삭도(索道), 즉 '케이블'(cable)이 출발하던 지점이 바로 여기였지요. 찾아가 보니 옥동광업소는 폐업한 지 오래고, 삭도 시설 역시 황폐한 채로 철거를 기다리고 있었습니다. 그래도 아직 농어촌 버스 171번이 하루에 한 번씩 정차하고 있으니, 일단 한번 만들어진 정류장이 얼마나 끈질기게 남는지 실감합니다.

서울 강서구와 경기도 부천시 사이의 사라진 마을 '오쇠동'에 대해 『대서울의 길』에서 소개한 바 있습니다. 김포공항 소음 문제 때문에 당국에서 주민들을 이주시켰지만, 마을을 없애는 데 반대한 세입자분들이 오랫동안 투쟁한 곳입니다. 지금도 집 한 채가 남아서 저항을 계속하고 있지요. 이곳에는 '오쇠동 입구'라는 버스 정류장이 있습니다. 그러나 이 버스 정류장 근처에 더 이상 주민들이 사는 오쇠동 마을은 없습니다. 집들의 폐허 위로 자라난 풀만 버스 정류장 주변에 무성할 뿐입니다.

경상남도 창원시 진해구 태평동에 있던 '나가야 입구'라는 버스 정류장도 마찬가지입니다. '나가야 입구'는 바로 옆 속천동에 있던 일본식의 상가 건물 '나가야'[長屋]에서 이름을 따왔지만, 지금은 나가야도 철거되고 버스 정류장도 사라졌습니다.

서울 용산구 용산전자상가 앞 '관광터미널' 버스 정류장은, 과거 이곳에 있던 용산시외버스터미널을 계승한 관광터미널의 존재를 증언하는 도시 화석입니다. 1972년 개장한 용산시외버스터미널은 1990년에 서초구로 옮겨 가서 서울남부터미널이 되었습니다. 그리고 용산시외버스터미널 근처에 있던 용산청과물시장이 1983년에 송파구 가락동농수산물

도판 10   경남 창원시 진해구 태평동의 '나가야 입구' 버스 정류장 (2019년 2월)
도판 11   경기 부천시 고강동의 '오쇠동 입구' 버스 정류장 (2020년 8월)

시장으로 옮겨 가자, 1990년부터 그 땅에서 관광터미널이 운영되었지요.
하지만 관광터미널의 수요가 거의 없다 보니 1997년부터는 터미널전자
상가가 들어섰고, 2017년에는 호텔 단지로 재건축되었습니다. 이곳 '관광
터미널' 버스 정류장은 용산 지역에서 일어난 어지러운 변화를 증언하는
도시 화석입니다.

한편 서울 영등포구 도림동과 신길동의 '크라운 사거리' 버스 정류장
은 이 근처에 크라운 맥주 공장이 존재했음을 증언하는 도시 화석입니다.
1933년에 세워진 조선맥주주식회사 영등포공장은 삿포로 맥주를 생산
했는데, 1930년대 경성 관광 안내 팸플릿에 실릴 정도로 유명했습니다.

광복 후에 공장을 인수한 한국인 사장은 거기서 크라운 맥주를 생산했고, 1993년부터는 하이트 맥주를 생산하면서 한국 맥주 업계를 평정했지요. 공장은 2002년에 고층 아파트 단지로 재건축되었고, 단지 입구에는 하이트맥주주식회사에서 기증한 맥주 배럴 모양의 조형물이 서 있습니다.

서울 관악구 봉천동에 있는 '보라매삼성아파트 모자원고개'는 쓸쓸함을 전해 주는 버스 정류장 이름입니다. 예전에 공군사관학교가 자리하던 현재 동작구 신대방동 보라매공원 주변에는 6·25전쟁 때 남편을 잃은 여성들이 자녀들과 함께 거주한 모자원(母子院)이라는 시설이 있었습니다. 모자원은 전국적으로 분포되어 있었는데, 서울에서는 특히 이 지역의 모자원이 유명했습니다. 그래서 모자원이 있던 고개를 '모자원고개'라 불렀으며, 버스 정류장 이름에도 들어간 것이지요. 이 정류장에 붙은 버스 정보 안내판에는 '보라매삼성아파트 모자원고개'라는 이름이 적혀 있지만, 정류장 자체에는 '보라매삼성아파트'라고만 표시되어 있습니다. '모자원고개'라는 지명이 지워진 것입니다. 공군사관학교와 모자원은 그 자리에서 사라진 지 오래고, 6·25전쟁의 기억 또한 지워져 갑니다. 그에 따라 이곳의 정류장 이름은 '보라매삼성아파트'로 굳어질 것으로 예상됩니다.

군부대의 존재를 알리는 버스 정류장

한국의 현행법은 지도에 군사기지를 표시할 수 없게 합니다. 그래서 실제로는 군부대가 있는 곳인데 지도를 보면 논, 밭, 갯벌 등이 펼쳐진 경우가 많습니다. 이를 '음영 처리'라고 합니다.

여러분이 일상생활을 할 때는 군부대의 존재를 굳이 알 필요가 없을 것입니다. 하지만 도시에서 군부대가 어디에 위치하는지는 그 도시가 타국의 침공에 맞서 어떤 방어 태세를 취하는지, 그리고 그 도시의 외곽 지역이 어디인지를 보여 주는 신호가 됩니다. 부동산을 거래할 때도 주변에 군부대가 있는지가 중요한 요인으로 여겨지지요. 따라서 도시를 답사할 때는 군부대의 위치를 파악하는 것도 중요합니다.

뉴스 등에도 군부대의 위치는 어느 시·군·구의 읍·면·동·리 정도로만 표시되고, 그보다 더 세부적인 주소는 대체로 공개하지 않습니다. 이럴 때 제가 사용하는 힌트가 버스 정류장 이름입니다. 지도상으로는 빈 땅의 큰길가인데 '○○부대'라는 식의 버스 정류장이 있으면, 그 근처에 군부대가 있으리라고 추정할 수 있습니다.

군부대 및 관련 시설의 위치와 성격을 개인적으로 파악하는 것까지는 괜찮습니다. 하지만 이런 정보를 공개하면 법에 따라 처벌될 수 있지요. 그러므로 사진 한 장 한 장의 아주 상세한 설명은 삼가겠습니다. 다만 군부대 시설이 아닌 그 근처의 버스 정류장 사진을 소개하는 정도는 합법적일 것으로 판단됩니다.

서울 송파구 마천동·거여동과 경기도 하남시 사이의 드넓은 지역에는 한동안 군부대가 주둔했다가 얼마 전에 다른 곳으로 이전했습니다. 현재 비어 있는 옛 군부대 땅 근처의 큰길가에는 '종점'과 '비호아파트'라는 버스 정류장이 자리합니다.

군부대가 있던 시절, 민간인은 '종점'에서 내리고 군인 가족은 '종점' 다음 '비호아파트'에서 내렸을 것입니다. 다른 곳으로 부대가 옮겨 간 뒤에도 지도 애플리케이션의 위성사진에는 한동안 이 비호아파트 단지의

도판 12   버스 정보 안내판에서 확인되는 '보라매삼성아파트 모자원고개' 정류장 (2020년 8월)
도판 13   경기 평택시 포승읍 원정리의 '해군기지' 버스 정류장 (2021년 11월)

모습이 남아 있었습니다. 하지만 막상 현지에 가 보면 빈 땅뿐이었지요. 그곳에 군부대가 존재했음을 알려 주는 것은 '비호아파트' 정류장, 그리고 근처의 군장(軍裝) 가게뿐입니다.

도판 14   서울 송파구 거여동의 '종점' 버스 정류장. 다음 정류장 이름으로 '비호아파트'가 보인다.
(2021년 11월)

이주 단지와 농촌 정비 사업의 흔적

버스 정류장 이름은 그 땅에서 이뤄진 도시 개발과 농촌 정비 사업의 역사도 알려 줍니다. 경기도 화성시 반송동과 석우동의 '이주 단지' 버스 정류장은, 이곳에 동탄 신도시와 삼성전자 공장 등을 짓기 위해 선주민들이 집단으로 이주한 역사를 증언하는 도시 화석입니다. '이주 단지' 버스 정류장 너머로 삼성전자 화성캠퍼스가 보이는 경관이 상징적이지요.

전라남도 순천시 매곡동의 '매곡 A지구' 정류장은 1962년 8월의 순천 대홍수 때 발생한 이재민들을 이주시킨 'A지구'라는 정착 단지의 존재를 전하는 도시 화석입니다. 그 당시 정부는 이재민을 A·B·C지구 세 곳에 나눠 정착시킬 계획을 세웠지만, 여러 사정상 A지구와 C지구만 조성되었습니다.《동아일보》1962년 9월 5일 자「참화와 담싸는 내일 순천시 복구 청사진」에 실린 삽화를 통해 당시의 계획을 확인할 수 있지요.

오늘날 매곡동의 A지구는 '매곡 A지구'라는 버스 정류장 이름을 통해 그 존재를 전하고, 남정동에 C지구가 있었음을 증언하던 업소 'C지구소 주방'은 얼마 전에 폐업했습니다. C지구소주방의 존재는 순천 지역사 연 구자인 강성호 선생님에게서 가르침을 받았습니다.

한편 제주도의 '○○ 취락 구조' 버스 정류장은 1970~1980년대 농촌 지역에서 대거 이뤄진 취락 구조 개선 사업이 해당 마을에서도 시행되었 음을 보여 주는 도시 화석입니다. 취락 구조 개선 사업에서는 자연적으로 형성된 마을의 구조를 공동생활에 맞게 재편하고, 개별 주택을 표준설계 에 따라 다시 건설했습니다. 그리하여 제주시 한림읍 금악리의 '금악 취 락 구조'나 서귀포시 안덕면 화순리의 '화순동 취락지구' 버스 정류장 옆 에는 이 시기에 조성된 것으로 보이는 마을과 문화주택들이 원형을 남기 고 있지요.

정류장과 터미널 건물 자체도 미적 대상

마지막으로 버스 정류장 건물, 그리고 버스 터미널 건물 자체도 훌륭 한 답사 대상이 됩니다. 구소련 지역에서는 인민에게 고급 예술을 감상할 기회를 제공한다는 차원에서, 지하철역과 버스 정류장 건물을 특별히 신 경 써서 지었습니다.

2015년에는 영국에서 『소련의 버스 정류장(Soviet Bus Stops)』이라는 사진집이 출판되며 구소련 시절의 정류장 건물이 세계적으로 미적 감상 의 대상으로 주목받기도 했습니다. 온라인에 'soviet bus stops'를 검색하

도판 15   제주 제주시 한림읍 금악리의 '금악 취락 구조' 버스 정류장 (2023년 1월)
도판 16   제주 서귀포시 안덕면 화순리의 '화순동 취락지구' 버스 정류장 (2023년 1월)

면 구소련 각지의 멋지고 쇠락한 버스 정류장 건물을 많이 보실 수 있을 것입니다.

이러한 해외 작업에 자극받아서 저 역시 시골의 작은 버스 정류장 건물부터 시군 단위의 시외버스 터미널까지 답사하고 기록하는 중입니다. 지금까지 살핀 버스 정류장 건물 가운데는 강원도 고성군 현내면 마차진리의 '배봉리 입구', 경기도 고양시 덕양구 행주외동의 '나루터'가 특히 인상적이었습니다.

버스 터미널 건물 중에서는 강원도 속초시 동명동의 속초시외버스터미널이 예전 시외버스 터미널의 형태를 간직하고 있습니다. 한편 경기도 부천시 심곡동의 소신여객 터미널은 일개 버스 회사의 터미널이라고는 생각할 수 없을 정도로 큰 규모를 자랑합니다. 소신여객은 1928년에 개업해 거의 100년 동안 영업해 왔고 부천, 인천, 시흥, 안양, 광명, 서울 서남부를 이어 주는 간선 버스 노선을 운영합니다. 그런 역사가 있기에 소신여객 터미널은 웬만한 시군급 시외버스 터미널의 규모를 지닌 것이지요.

도판 17   강원 고성군 현내면 마차진리의 '배봉리 입구' 버스 정류장 건물 (2021년 3월)

도판 18   경기 고양시 덕양구 행주외동의 '나루터' 버스 정류장 건물 (2021년 8월)

    경상북도 영천시 금호읍 덕성리의 금호시외버스터미널 건물도 예전 버스 터미널의 분위기를 잘 남기고 있어 인상적이었습니다. 그런데 제가 이곳을 방문했을 때는 건물을 신축하기 위해 예전 건물을 철거한다는 현수막이 걸려 있었지요. 전라북도 부안군 줄포면 줄포리의 줄포시외버스

터미널은 새로운 건물로 옮겨 가면서 예전 건물이 폐쇄되었고, 경기도 화성시 우정면 조암리의 조암터미널 또한 서울 동작구 사당동까지 가는 광역 버스가 운행을 시작하며 결국 영업을 종료했습니다.

각지의 버스 터미널 건물은 이렇게 하나둘 사라지고 있습니다. 물론 신축 건물이 생기면 주민들은 더 편하게 서비스를 제공받을 수 있겠지요. 하지만 여러분은 사라져 가는 버스 터미널을 답사하고 사진으로 기록해, 자신이 사는 지역의 기억을 자기 손으로 남겨 주시면 좋겠습니다. 여러분이 아니면 아마 그 누구도 이런 작업을 하지 않을 것이기 때문입니다.

앞서 소개한 서울 강서구와 경기도 부천시 사이의 사라진 마을 오쇠동 근처에는 '대한항공 훈련센터' 버스 정류장이 있습니다. 이곳에는 얼마 전까지 손으로 쓴 버스 정보 안내판이 있었습니다. 서울·경기권에서 손으로 쓴 버스 안내판을 본 것은 처음이었지요. 그런데 제가 이곳을 답사한 직후 그 안내판은 인쇄된 것으로 교체되었습니다. 아마도 손 글씨 안내판을 사진으로 기록한 사람은, 제게 이 안내판의 존재를 알려 준 부천의 지역 답사가 'synellee_shin' 선생님과 저 정도일 것입니다.

도판 19 　경북 영천시 금호읍 덕성리의 금호시외버스터미널 (2019년 8월)
도판 20 　전북 부안군 줄포면 줄포리의 옛 줄포시외버스터미널 (2022년 11월)
도판 21 　경기 화성시 우정면 조암리의 옛 조암터미널 (2023년 1월)

　　여러분 주변에도 이렇게 사라지고 바뀌어 가는 버스 관련 시설이 많을 터입니다. 시간 날 때마다 주변의 버스 관련 시설을 찬찬히 살핀다면, 평소에 무심코 다니던 길에서 수많은 보물을 발견할 수 있습니다. 그 보물은 여러분만의 것이 아닌, 여러분이 사는 곳에서 앞으로 살아갈 모든 사람의 것이 되리라고 믿습니다.

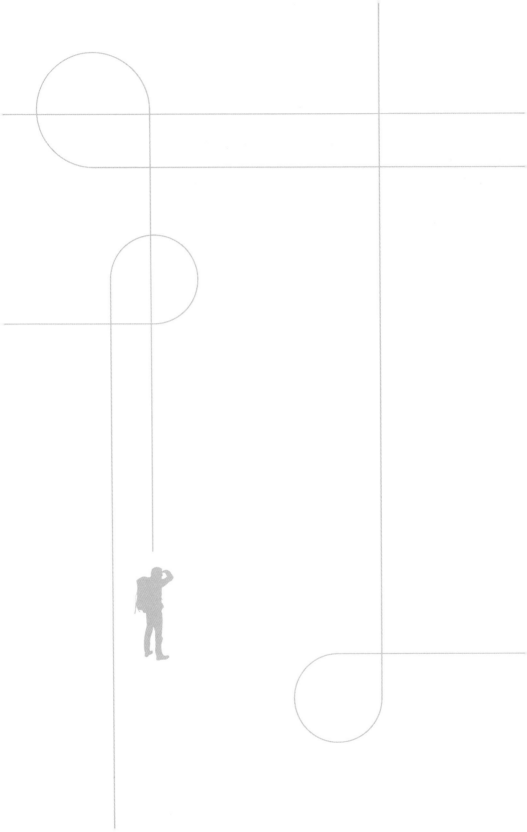

제2부

현대 한국에서 일어난 문명 충돌

01

농민과 어민

: 바다에 논을 만들다

박정희와 정주영의 꿈

오늘날 한국 시민 대다수는 '시골'이라는 말을 들으면 아마 '농촌'을 떠올릴 것입니다. 농촌에 고향을 두고 도시로 올라와 정착한 분들을 부모로 둔 도시민도 많겠지요. 추석이면 대도시에서 고향 농촌으로 귀성하는 인파도, 그것이 마치 오래전부터 그래 왔던 것처럼 명절 풍경으로 여겨지고 있습니다.

하지만 이러한 풍경이 생겨난 것은 그리 오래전 일이 아닙니다. '시골'에서 '도시'로 대규모 인구가 이동한 것은 공업화가 진행되며 공장노동자가 부족해진 1960년대 이후 일입니다. 물론 그전에도 '토막민'이라고 불리는 빈민들이 가난을 피해 대도시 주변부로 이동하는 일은 있었습니다. 그러나 삼남(三南)이라고 불리는 충청도·경상도·전라도의 농촌 주민들이 대규모로 대도시의 공업지대로 이동한 것은 반세기 정도밖에 지나지 않은 일입니다.

또한 서울·경기 지역의 경우 삼남 지역에서뿐 아니라, 지금은 '조선민주주의인민공화국'이라는 별개의 국가가 된 한반도 북부 지역에서도 꾸준히 인구가 유입되었습니다. 삼국시대 이전부터 추석 명절을 크게 치러 온 삼남 지역과 달리, 한반도의 중부와 북부에서는 추석이 지금처럼 큰 명절로 인식되지 않았던 것 같습니다. 따라서 서울·경기 지역에서 삼남 지역으로 향하는 대규모 추석 귀성 행렬도 원래는 없었지요.

한편 1960년대부터 본격화된 한국의 공업화는 곧 '국토 개조' 과정이기도 했습니다. 각종 간척 사업과 수리(水利) 사업을 담당해 온 농어촌진흥공사(오늘날 한국농어촌공사)는 1999년에 '국토 개조 반세기 증언'이라는 제목의 책을 출판했지요. 이 책 제목대로, 식민지 시기에 시작되어 박정희 정권 때 본격화된 대규모 토건 사업은 한반도 남부 지역을 그 이전과는 질적으로 다른 형태로 개조했습니다.

국토 개조의 목적은 처음에는 '식량 자급'이었고 나중에는 '중공업 국가 건설'이 되었습니다. 전국 곳곳에서 바다가 농토로 바뀌고 농토가 공업단지로 바뀌어 온 모습이, 이 두 가지 목표를 달성하려 한 한국 정부의 의지를 보여 줍니다.

한국의 국토 개조를 시작하게 한 '식량 자급'은 곧 '조국 근대화'의 길이었습니다. 이를 상징하는 두 개의 유물이 경기도 수원시와 전라북도 부안군에 남아 있지요.

수원의 옛 농촌진흥청 작물시험장에는 '녹색혁명 성취'라고 적힌 아래에 농민들이 만세를 부르는 모습이 새겨진 기념비가 세워져 있습니다.

1977년에 식량 자립을 이루고, 세계 쌀 생산 역사상 최고 기록을 달성한 것을 기념하는 비석입니다. 그리고 이곳과 인접한, 농촌 지도자들을 훈련하던 농민회관에는 박정희 전 대통령의 1967년 발언이 머릿돌로 새겨져 있습니다.

> 우리의 후손들이 오늘에 사는 우리 세대가 그들을 위해 무엇을 했고 또 조국을 위해 어떠한 일을 했느냐고 물을 때 우리는 서슴지 않고 조국 근대화의 신앙을 가지고 일하고 또 일했다고 떳떳하게 대답할 수 있게 합시다.
>
> 1967. 1. 17.
>
> 대통령 박정희

박 전 대통령에게 '조국 근대화'는 곧 '신앙'이었습니다. 그 신앙의 핵심은 농업이었지요. 보릿고개를 극복하고 식량 자급을 실천하자는 것이 그가 말한 조국 근대화의 첫 번째 목표였습니다.

그런데 농민회관 로비에 새겨진 박 전 대통령의 이 발언이 전라북도 부안군 계화면 궁안리의 간척지 전망대 기둥에도 남아 있습니다. 이곳에는 한국 최초의 대규모 간척지인 계화도 간척지가 펼쳐져 있지요. 계화도 간척지는

도판 1 경기 수원시 권선구 서둔동의 '녹색혁명 성취' 기념비 (2019년 3월)

도판 2   계화도 간척지의 경관 (2022년 4월)

박 전 대통령의 조국 근대화 신앙에서 핵심이 되는 농업을 위해 바다를 메운 곳입니다. 그에게 간척 사업이 곧 조국 근대화의 길이었던 것입니다.

계화도 간척지가 만들어지기 전인 식민지 시기에는 군산시 서쪽에 열대자마을이라 불리는 간척지가 만들어졌습니다. 그리고 오늘날 열대자마을과 계화도 간척지는 새만금 간척지의 북쪽과 남쪽 일부가 되었지요. 식민지 시기부터 오늘날까지 전라북도 서해안에서는 하루하루 땅이 넓어지고 있습니다.

간척은 바다를 메워서라도 기필코 벼농사를 지어야 한다는 조국 근대화의 신앙, 그리고 국토를 넓혀야 한다는 사명감에 의한 사업이었습니다. 1980~1990년대에 태안반도 남쪽의 천수만을 매립해 서산 간척지를 만든 정주영 전 현대그룹 회장은 회고록 『이 땅에 태어나서』(솔, 1998)에서 이렇게 말한 바 있지요.

원래 작은 국토가 그나마 반으로 잘려 더 작아진 우리 입장으로 볼 때 국토 확장은 필수적인 과제이다. 게다가 인구는 많고 식량 자급량도 절대 부족이다. 천혜의 조건을 적극적으로 이용해서 좁은 국토를 한 뼘이라도 더 늘려 후손에게 물려주는 일도, 기업 경영으로 고용을 창출하고 산업 발전에 기여하고 나라를 살찌게 하는 일 못지않게 보람 있고 중요한 일이다.

— 정주영, 『이 땅에 태어나서』, 솔, 1998: 295쪽.

그런데 이어서 그는 "간척 사업이라는 것이 해안선을 따라서 하는 것이므로 고기잡이로 생계를 유지하는 어민들의 반발이 자동적으로 따르는 법"이라 말한 뒤, 갯벌은 경제적 가치가 크게 없는 곳이라는 인식을 보입니다.

마땅히 보상을 해 주어야 하는 곳도 있었지만 간척지 대부분은 하루 두 번 바닷물이 빠질 때마다 갯벌로 드러나는 곳이었다. 고기도 번식할 수 없는 그런 곳에 대단위 어장이라는 것은 애초에 있을 수가 없는데도, 어민들은 어장을 망쳤다고 난리였다. 자연 생태계가 파괴된다고 관련 단체들은 아우성이고, 아무튼 서산농장을 만들면서 겪은 정신적인 시달림은 대단했다.

— 같은 책, 301~302쪽.

바다를 삶터로 삼는 어민이라면 갯벌의 가치에 대해 분명 그와 다르게 인식했을 것입니다. 농민 출신인 정주영 전 회장은 어민이 인식하는

바다와 갯벌의 가치를 도무지 이해할 수 없었던 듯하지요. 바다, 특히 갯벌은 경제적으로 큰 가치가 없으며 이를 간척해서 대단위 농토로 만들어 식량을 자급하는 일이 더욱 큰 경제적·국가적 이익을 낳는다는 것이 그의 뚜렷한 인식이었을 터입니다. 이는 강원도 통천 농민의 아들인 정 전 회장뿐 아니라, 농촌을 고향으로 여기는 수많은 한국 시민이 공유하는 인식이기도 합니다.

식량만큼은 어떤 경우에도 자급자족이 돼야 한다는 것이 움직일 수 없는 나의 생각이다. 21세기를 앞두고 모든 분야의 경쟁력이 필수겠지만, 농업의 경쟁력도 간과해서는 안 된다. 농업 국가였던 우리가 쌀 시장 개방과 맞서 이겨 내려면 최소의 인원으로 최대의 생산량을 만들어 내는 방법을 연구해 내야 한다. 그러려면 우선 경제성 있는 간척 사업을 할 수 있는 한 계속해서 농토를 넓혀 농경지를 확장시키고 기계로 농사를 지을 수 있게끔 만들어야 한다. (…) 나는 정부가 나서서라도 대대적인 간척 사업으로 계속 농지를 넓혀서 우리 농민들이 넓

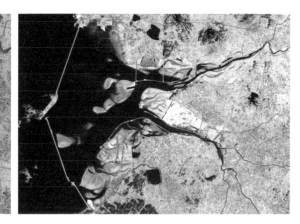

은 농지를 갖게 해 주어야 한다고 생각한다. 서산농장은 영농의 과학
화, 기계화로 농업도 고부가가치 산업으로 만들 수 있다는 시범으로
내가 주력하고 있는 일거리 중의 하나이다.

— 같은 책, 300쪽.

정 전 회장의 그러한 인식은 농민이던 아버지가 보여 준 삶에 대한 존
경심에서 비롯된 것이기도 했습니다. 이 존경심이 지나치다 보니, 천수만
간척지의 국유지에 아버지의 동상을 세우려다가 지역 주민들의 반발로
좌절되는 해프닝도 있었지요(《경향신문》 1987년 10월 13일 자 「국유지에 선친
동상 주민 반대 농성 말썽」).

아버님께서 나에게 보여 주셨던 그 강인한 정신과 토지에 대한 애
정은 참으로 숙연할 정도로 존경스러운 것이었다. 그런 아버님께 바치
는 나의 존경의 헌납품이 바로 서산농장이다.

— 같은 책, 296쪽.

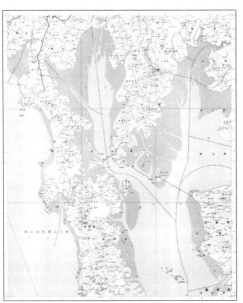

도판 4　천수만 지역의 1983년 지도
도판 5　천수만 지역의 1986년 지도

'농민 대 비농민' 갈등의 오랜 역사

비록 정 전 회장의 아버지 동상 건립 문제는 가십으로 끝났지만 현대 그룹이 천수만 간척 사업을 추진하는 내내, 갯벌을 삶의 터전으로 삼아 오던 어민과 염전 관련자의 원성과 항의는 꾸준히 이어졌습니다(《조선일보》1985년 9월 13일 자 「김 양식 피해 보상' 9개월째 대립」, 《동아일보》1986년 10월 21일 자 "현대 천수만 매립 염전 피해 13억 원", 《경향신문》1989년 12월 4일 자 「서해안 어민 '삶터'가 줄고 있다」, 《동아일보》1991년 4월 15일 자 「서산 방조제 바다 망쳤다」, 《충청투데이》2003년 4월 18일 자 「서산 AB지구 '23년 갈등' 마무리」 등). 심지어는 열세 명의 어민이 삶을 비관해서 스스로 목숨을 끊었다는 주장까지 나왔지요(《한겨레신문》1989년 12월 7일 자 「재벌에 휩쓸린 갯마을 삶터」). 그리고 전두환 정권이 끝난 이듬해인 1988년에는 천수만 간척 사업 당시 정부가 나서서 현지 어민들에게 동의를 강요했다는 의혹이 제기되었습니다(《동아일보》1988년 10월 15일 자 「서산 간척 어민 동의 강요 없었나」).

오해를 피하려 덧붙이자면, 저는 서해안 갯벌을 반드시 그대로 보존해야 한다고는 생각하지 않습니다. 간척 사업이나 제방 사업을 한 뒤에도 둑 바깥으로 다시 갯벌이 형성되는 모습을 흔히 볼 수 있기 때문입니다. 또한 두메산골에서 소규모로 이뤄지는 농업보다는 정주영 전 회장이 추진한 현대서산농장 같은 대규모 기계화농업, 혹은 정보 기술을 활용한 첨단 지능형 농장(smart farm)에 한국 농업의 미래가 있다고 생각합니다.

다만 제가 여기서 강조하고 싶은 것은 농사짓는 사람과 그렇지 않은 사람, 즉 '농민'과 '비농민'의 인식 차이가 지난 반세기 동안 서해안에서 진행된 간척 사업에서 아주 두드러진다는 사실입니다. 농업인과 비농업인의 갈등이라는, 인류 역사상 오래된 '문명 충돌'이 현대 한국에서 나타났다는 것이지요.

이와 비슷한 일이 19세기 말 중앙아시아에서도 있었습니다. 내몽골이라고 불리기도 하는 남몽골 지역은 원래 유목에 적합한 초원으로 이뤄져 있었습니다. 그런데 청나라를 운영하던 만주인과 몽골인의 지배력이 약해진 19세기 말이 되자, 한인(漢人) 농민들이 남몽골의 유목지로 대거 이주해 농사짓기 시작했지요. 한인 농민의 눈에는 유목지가 쓸모없는 빈 땅으로 보였고, 농사지을 만한 땅을 놀려 두는 몽골 유목민이 그저 어리석은 자들로 여겨졌습니다. 이때 한인 농민들이 남몽골을 농업화시키면서, 여전히 유목이 산업의 중심인 외몽골, 즉 북몽골과의 분단이 심화해 오늘날에 이르고 있습니다.

박정희 전 대통령과 정주영 전 회장이 보여 준 인식은 결코 특정인의 독단이나 무지가 아닙니다. 이들은 농민의 정체성으로 한국을 바라본 것입니다. 농민의 정체성을 지닌 이들 세대에 의해 조국 근대화 사업이 추진되었고, 그 결과 한국은 보릿고개를 넘어섰습니다.

간척의 미래

그러나 '녹색혁명 성취' 기념비가 상징하듯이, 농업 중심 세계관으로 국토를 개조하던 시대는 끝을 향하고 있습니다. 식량 자급이 절실하다는 문제의식으로 새만금 간척을 시작했지만, 간척이 진행되는 동안에 쌀은 생산과잉 상태가 되었고 인구는 감소하기 시작했지요. 농업용 간척지뿐 아니라 공업단지를 유치하기 위해 조성한 간척지도 여전히 비어 있는 곳이 많습니다.

저는 앞으로 한국이 대규모로 이민자 도입을 허용해야 한다는 생각이지만, 만약 많은 한국 시민이 도저히 그 상황을 받아들일 수 없다면 '인구가 나날이 감소하고 경제가 대폭 성장하지 않는다'는 전제에서 국가 전략을 다시 짜야 한다고 봅니다. 그렇다면 미래에 지금보다 더 많은 간척지가 필요할지는 의문입니다. 더 많이 바다를 메워 간척지를 늘리기 전에, 현재 비어 있는 간척지를 우선 채우고 효율적으로 활용할 궁리부터 해야 합니다. 이제 간척 사업은 인천이나 부산 등 고질적으로 토지 부족에 시달리는 일부 대도시권과 그 주변 지역에 한정해서만 경제적 가치를 유지하리라고 예측합니다.

도판 6   충남 당진시의 석문 방조제. 석문 국가 산업 단지를 조성하기 위해 건설되었다.
(2022년 2월)

지난 60여 년간 태안반도에서 진행된 간척 사업은 박정희 전 대통령과 정주영 전 회장의 발언이 상징하는 '농업 제일주의'가 비농민을 압도한 문명적 충돌이라고 할 수 있습니다. 쌀농사에 기반한 농업 제일주의는 조선 시대부터 현대 한국까지 변함없이 이어져 왔습니다.

'홍어 장수 문순득'의 사례는 이러한 농업 중심 세계관을 극명하게 보여 줍니다. 문순득 일행은 1801년 배를 타고 흑산도 앞바다로 나섰다가 표류해 오키나와제도, 필리핀 루손섬, 포르투갈령 마카오, 청나라를 거쳐 1805년에 귀국했습니다.

조선에서 청나라로 파견되었다가 1804년에 문순득 일행을 만난 사절단은 「표류주자가(漂流舟子歌)」라는 시를 지어서 어민의 '어리석음'을 깨우치고 이들을 농업으로 전향시키려 했습니다. 국가의 근원을 쌀과, 쌀을

생산하는 농민에 둔 '동중국해 국가들의 지배 집단'이 전형적으로 보여
준 농업 중심적 세계관은 여기서도 확인됩니다.

> 흑산도 민속은 매우 어리석어
>
> 바다에서 이익을 좇노라니 대부분 곤궁하구려 (…)
>
> 원하노니 네 고향엘 가거들랑
>
> 농가에 안식해서 농사나 힘쓰게나

다시 한번 강조하지만, 저는 농업과 어업 중 어느 한쪽이 옳으며 다른
한쪽은 그르다고 말하려는 것이 아닙니다. 농업 중심 세계관이 한반도 주
민의 정신을 지배한 결과, 바다와 강과 산에서 활동해 온 사람들과 농토
에 붙어살지 않고 떠돌아다닌 상인·유랑민들의 존재를 부차적으로 치부
하게 되었다는 사실을 말하려는 것입니다.

이처럼 농업 중심 세계관을 지닌 한국 시민들은 바다에서는 간척을
통해, 강에서는 댐과 하굿둑을 통해, 그리고 산에서는 산림녹화 사업과
화전 정리 사업을 통해 비농민들을 줄여 나갔습니다. 한강과 영산강으로
서해와 이어져 있던 서울 용산과 나주 영산포는 하굿둑이 생긴 뒤 내륙
항구의 기능을 잃었습니다. 남한강 유역의 이포, 흥원, 문막, 목계, 가흥,
목행, 단양 등도 충주댐 건설 등으로 인해 항구의 기능을 상실했지요.

충청남도 당진 북부에는 오도와 구지도라는 섬이 자리했습니다. 현재
이 두 곳에는 서로 다른 성격의 기념비가 남아 있지요. 오도에는 식민지
시기에 세워진 '당진 축항 준공 기념비'가 있습니다. 그 비석의 뒷면에는
인천기선주식회사가 오도항 공사를 후원했음을 알리는 구절이 새겨져

도판 7　　이제는 육지 일부가 된 충남 당진시 구지도. 그러나 옛 섬의 윤곽은 여전히 뚜렷하다.
　　　　（2022년 2월）

있지요. 하지만 이후 오도 북쪽이 모두 매립되며 인천과 오도를 잇는 여객선 뱃길은 끊겼습니다. 한때 배를 이용해 인천 등 외부 세계와 빠르고 편리하게 이어지던 오도 일대는 교통이 불편한 벽촌이 되었습니다. 한편 1974년 신흥개발회가 구지도 일대의 바다를 메워 농토로 바꾼 사실을 기념하는 '구개야 개척자 공적비'는, 어촌이자 교통의 요지이던 태안반도가 한적한 농업 지역으로 바뀌었음을 증언하는 유물입니다.

02

화전민과 농민

: 울창한 산림의 뒷면

42만 화전민의 산

이 장에서는 산림녹화를 둘러싼 화전민과 농민의 갈등을 들여다보겠습니다. '화전민'(火田民)이란 산에 불을 놓아서 나무를 태우고 남은 땅에 농사짓던 사람들을 가리킵니다. 문자 그대로 불로 밭을 만드는 사람들이었습니다.

1966년 4월 28일 대통령비서실에서 생산한 「대통령 지시 사항 확인 보고서: 화전민 대책」에 따르면, 화전민을 산에서 끌어 내리는 화전 정리 사업이 시작될 무렵인 1965년 말에 화전민의 총인구는 42만 135명이었습니다. 같은 해 한국 인구가 2,870만 7,674명(통계청 국가통계포털 추계치)이니 화전민은 전체 인구에서 1.46%라는 결코 작지 않은 비중을 차지했지요. 인구 100명당 1.5명가량이 화전민이었던 셈입니다.

한때 화전민은 한국 사회에 친숙한 존재였습니다. 1984년 출간된 최인호의 소설 『겨울 나그네』를 소개한 당시 신문 광고에는 "밀림에 불을 놓고 타 버린 터밭에 곡식을 심는 화전민처럼 메마른 우리들의 가슴에 '사랑의 불'을 지르는 방화범 최인호, 그가 타락한 도시의 늪에서 건져 올린 사랑의 원형!"이라는 선전 문구가 보입니다. 화전민이라는 존재가 이미 사회에 널리 알려져 있었기에, 이렇게 대중소설의 광고 문구에도 '화전민'이라는 단어를 사용했을 터입니다. 1982년 개봉한 영화 〈산딸기〉와 1989년 히트송 〈칠갑산〉 등도 모두 화전민을 주인공으로 삼고 있습니다. 어디 그뿐인가요? 동학 (천도교)의 제2대 교주인 최시형은 화전민 출신입니다. 또 오늘날 한국 시민들이 즐겨 먹는 냉면과 막국수, 옥수수 차 또한 화전민들이 먹던 것이 전국으로 퍼져 나간 음식입니다.

하지만 지금 한국 시민들 가운데는 '화전민'이라는 단어를 들어 보지 못한 분도 적잖을 듯합니다. 들어 본 분들도 화전민을 '산에서 농사짓는 농민' 정도로만 막연히 파악하고 있겠지요.

그러나 평야의 농민과 산속의 화전민은 살아가는 방식이 근본적으로 다른 집단입니다. 농민이 한곳에 정착해 농경에 종사한다면, 화전민은 기본적으로 옮겨 다니는 유랑민입니다. 숲을 태워 만든 땅은 지력(地力), 즉 땅의 힘이 오래가지 못하기 때문에 화전민은 적어도 몇 년에 한 번씩 경작지의 위치를 바꿔야 했습니다. 동중국해 주변 지역의 농업이 벼를 기르는 논농사를 숭상한 데 반해, 화전민은 당연히 밭농사를 지었지요. 또 화전민은 나무를 태워 농사지을 뿐 아니라 숯을 만들어 팔기도 했으며, 산속을 유랑하며 약초나 산삼 등을 캐서 판매하기도 했습니다. 즉 이들은 농경시대 이전의 채집 문화를 보존하고 있는 동시에, 자연물을 채집해 팔거나 나무를 태워 만든 숯을 파는 상업적 활동에 종사하기도 한 집단인 셈입니다.

이처럼 화전민은 농민과는 여러 가지로 다른 삶의 방식을 유지했습니다. 화전민이 살아간 방식은 초원 여기저기를 옮겨 다니면서 소, 말, 양, 염소, 낙타를 길러 판매하는 중앙아시아 유목민의 생활 방식과 비교할 수 있겠지요.

그러한 화전민의 떠돌이 삶은 농업적인 세계관에 기반한 조선총독부 및 한국 정부의 정책 방향과 맞지 않았습니다. 미국의 인류학자 제임스 C. 스콧이 『국가처럼 보기』(에코리브르, 2010)에서 주장했듯이, 인구와 산출을 정확히 파악할 수 없다는 것은 근대국가로서는 받아들일 수 없는 일이었습니다.

나아가 화전민은 평야의 농민이나 도시민과는 전혀 다른 생존 방식을 지녔던 것으로 보입니다. 5·16군사정변 직후인 1962년 겨울, 당시 박정희 국가재건최고회의 의장은 노태우 대위에게 전국을 암행하라고 명했습니다. 지방마다 보릿고개가 없어졌는지를 직접 확인해 보고하라는 것이었지요. 노태우는 이때 충격적인 경험을 합니다.

"설악산 미시령 근처 화전민 부락에서는 인간도 동면한다는 걸 발견했습니다. 부족한 식량을 아끼려고 한 사람이 하루에 삶은 감자 한두 개만 먹고는 누워서 잠만 자는 거예요. 그래서 에너지 소모를 줄였는지 의외로 건강하더군요. 박 의장을 독대하여 보고를 드렸는데 절량 농가가 없어지지 않았다는 이야기에 언짢아하면서도 '인간 동면' 이야기에 대해서는 아주 흥미 있어 하더군요."

— 《조선일보》, 「내 무덤에 침을 뱉어라! [433]」, 1999. 5. 12.

'이때의 경험은 그 뒤 나의 현실 인식에 큰 도움이 되었다'고 노태우 전 대통령은 훗날 회고합니다. 2021년 사망 후 아들 노재헌 씨를 통해 알려진 노 전 대통령의 5·18민주화운동 등에 대한 반성적 태도 역시, 어쩌면 그가 설악산 기슭에서 화전민을 만나며 농업 중심적 세계관으로부터 벗어나 이 세상을 복합적·다층적으로 바라보게 된 영향일지도 모릅니다.

화전민은 넓은 의미에서 '산민'(山民)으로 파악할 수 있습니다. 산민은 일본의 저명한 역사학자인 아미노 요시히코가 중시한 개념입니다. 그는 전근대 시기의 피지배층을 모두 농민으로 간주하는 기존 역사관에 반대했습니다. 모든 피지배층을 농민으로 간주하는 행위는 농업 중심적 세계관의 편견에서 비롯된 것이라는 시각입니다.

따라서 그는 바다와 강에서 어업 및 하운(河運)·해운(海運)과 같은 상업 활동으로 삶을 꾸린 해민(海民), 그리고 산간 지역에서 농민과는 구분되는 삶을 영위한 산민의 존재에 주목해야 한다고 주장했습니다. 제가 번역한 『고문서 반납 여행』(글항아리, 2018)에는 아미노 선생이 일본 구석구석의 다양한 삶의 방식을 찾아 나간 과정이 잘 담겨 있지요.

도판 2　　　일본 나가노현 기소군 기소정 후쿠시마의 에도시대 관문 유적. 내륙 산간에 자리하지만
　　　　　　과거 도쿄와 교토를 이어 주는 길 위에 있던 역참 마을로서, 이 지역은 농촌과는 구분되는
　　　　　　삶을 영위하며 번영했다. (2010년 2월)

　　아미노 선생이 산민과 해민의 존재를 부각하기 전까지, 일본 시민들
은 전근대사회를 거의 전적으로 '농민으로 이뤄진 세계'라 상상했습니다.
이와 마찬가지의 선입견이 한국 사회에서도 널리 확인됩니다. 한국과 일
본에서 나타나는 이러한 착각은, 농촌과 도시가 존재하는 하류 지역에서
홍수가 발생하는 것을 막기 위해 상류의 산림자원을 보존한다는 산림녹
화 정책에 의해 '화전민'으로 대표되는 산민들이 소멸한 데서 비롯된 측
면이 있습니다.

　　오늘날 한국 정부가 통치하는 한반도 남부의 산은 숲이 울창하지만,
북한 정부가 지배하는 한반도 북부는 주로 민둥산입니다. 북부 지역의 저
런 모습이 조선 시대 후기에는 한반도 전역에서 확인되었는데, 이는 온돌
난방을 위해 아궁이에 불을 때고 숯을 구우려 숲을 파괴한 결과입니다.

그에 따라 상류 지역의 토양이 침식되어 중·하류에 퇴적되다 보니, 조선 시대 후기에는 남한강을 비롯한 주요 내륙 수로를 거의 사용할 수 없는 지경에 이르렀지요. 조선 정부에서는 함부로 나무를 베어 내고 화전을 만드는 행위를 금지했지만, 당시 조선의 다른 정책들과 마찬가지로 별 실효성은 없었습니다(최영준『국토와 민족 생활사』, 이우연『한국의 산림 소유 제도와 정책의 역사, 1600~1987』, 이영훈『한국 경제사』등).

이러한 상황에 변화가 시작된 것은 조선총독부가 화전민 정책과 산림 보호 정책을 펴면서부터였습니다. 한국에서는 흔히 '일제가 나무들을 베어 갔다'고 말하지만, 사실 그것은 문제의 단면만을 지적하는 셈입니다. 근대 일본 정부는 한반도뿐 아니라 일본 본토에서도 산림 보호 정책을 펼쳤으나, 태평양전쟁이 치열해지며 물자가 부족해지자 제국 내의 거목들을 베어 군함을 만드는 등의 무모한 정책을 전개합니다. 현재 일본 곳곳에 남아 있는 거목은, 이러한 정부의 벌목 정책에 맞서 지역 주민들이 처절하게 투쟁한 끝에 살아남은 것입니다. 그러한 실상은 2011년에 일본의 산림학자인 세타 가쓰야가『전쟁이 거목을 베었다: 태평양전쟁과 공목 운동·목조선[戰爭が巨木を伐った: 太平洋戰爭と供木運動·木造船]』에서 극명하게 밝혔습니다. 식민지 시기 한반도의 상황도 이로써 유추할 수 있지요.

산 잃은 화전민의 삶

그렇듯 근대 한반도에서는 산림 보호 정책과 벌목 정책이 함께 이뤄졌습니다. 조선 시대 이래로 황폐해진 산림이 채 되살아나지 못한 상태로

도판 3　　　제주 서귀포시 안덕면 동광리의 개척 농가 주택 '테쉬폰'에서 제주시 애월읍 봉성리
화전동 방향을 바라본 모습 (2023년 1월)

맞이한 광복. 한반도 북부에서는 특히 지난 몇십 년 사이에 연료난이 심각해진 결과, 오늘날 보듯 민둥산이 국토 대부분을 차지하는 조선 시대 말기 상황으로 회귀했습니다.

한편 한반도의 남부에는 울창한 산림이 존재합니다. 이는 크게 두 가지 요인에서 비롯된 것입니다. 한 가지는 역대 한국 정부가 추진한 산림 녹화 정책입니다. 또 한 가지는 산간 지역에 흩어져 있던 화전민들을 집단화하고 나아가 평야로 끌어 내려 농민으로 만듦으로써 빨치산과 무장 공비의 활동 거점을 제거한다는 한국 정부의 안보 정책이지요. 제주도에서는 1948년의 4·3 사건 때 좌익 계열의 거점을 제거하기 위해 중산간 지역 주민들을 해안 지역으로 끌어 내리는 작업이 이뤄졌는데, 그때 화전이 사라졌습니다(《제이누리》 2017년 4월 24일 자 「화전, 제주 근대사 연구의 시작」).

도판 4　　강원 평창군 진부면 동산리 오대산 기슭의 '화전 금지' 비석 (2022년 7월)

지금은 제주시 애월읍 봉성리 중산간의 '화전동'이라는 지명이, 사라진 제주도 화전민의 존재를 증언할 뿐입니다.

　　제주도의 화전민을 모조리 소멸시킨 4·3 사건만큼이나 비극적인 일이 바로 1968년에 일어난 울진·삼척 무장 공비 침투 사건입니다. 이 당시 북한 정부가 파견한 120명의 무장 공비는 한국에 활동 거점을 만들기 위해 산간 지역의 화전민 마을들을 점령하려고 했습니다. "나는 공산당이 싫어요."라고 말했다가 살해되었다는 강원도 평창군의 이승복과 그의 일가족도 화전민이었지요. 그때 이승복의 집뿐 아니라 여러 화전민 마을이 피해를 봤습니다.

　　이 사건 이후 한국 정부는 화전민을 한데 모으고 이들을 농업, 광업, 어업 등에 종사하게 함으로써 한국의 산에서 화전민을 없애려는 정책을 '화전 정리 사업'으로 전개했습니다(이동욱 『울진·삼척 무장 공비 침투 사건』).

요약하자면, 한국에서 화전민이 사라진 까닭은 농업 중심적 세계관과 남북한의 군사적 대치라는 두 가지 요인에 의한 것입니다.

1970년대에 한국 정부가 추진한 화전 정리 사업은 거의 완벽하게 목표를 이뤘습니다. 산간에서 화전이 자취를 감추며 한국의 산은 역사상 유례없을 정도로 울창한 산림을 자랑하게 되었지요. 화전민이 버리고 간 집과 밭, 숯가마 터가 현재는 등산 코스의 이정표로서 기능합니다. 강원도 오대산의 월정사 인근에는 '화전 금지'라는 비석이 세워진 화전민의 집터가 남아 있습니다. 화전민들이 다시는 돌아오지 못하도록, 당시의 화전 정리 사업 담당자들은 화전민의 집마다 그런 표지석을 박았을 것입니다.

서울보다 개성이 더 가까운 경기도 북부의 감악산에는 '숯가마터'와 '묵은밭'이라는 지명이 곳곳에 남아 있습니다. '숯가마터'는 화전민들이 주변 지역에 판매하기 위해 나무를 태워 숯을 만들던 곳입니다. 그리고 '묵은밭'은 농사짓다가 지력이 다해 버려진 밭, 즉 묵정밭을 가리키지요.

해발 675m의 감악산에서 제가 답사한 숯가마터와 묵은밭은 350m 이하에 있었습니다. 산 정상에서 절반 정도의 높이입니다. 이 근처에는 고려 시대 석탑이 있는 절도 자리했지요. 전국의 모든 산이 그렇다고 할 수는 없지만 최소한 감악산에서는 화전민들이 인적 끊긴 깊은 산속이 아니라 어느 정도 주변 평야 지역과

도판 5 경기 파주시 적성면 설마리 감악산 기슭의 묵은밭 (2022년 5월)

도판 6   강원 철원군 동송읍 이평리의 키와니스 주택. 1966년에 한미재단 후원으로 세워졌다.
          (2022년 5월)
도판 7   강원 철원군 동송읍 오지3리 마을 회관에 있는 송덕비 (2022년 5월)

교류가 가능한 위치에서 숯을 굽고 화전을 일구는 등의 생활을 했음을
짐작할 수 있습니다. 감악산 정상에 서면 개성이 내려다보입니다. 이처
럼 북한과 가까운 접경 지역이다 보니, 감악산 화전민도 울진·삼척 지구
의 화전민과 마찬가지로 안보적인 목적에서 최우선으로 화전 정리 사업
대상이 되었으리라고 추정됩니다.

그렇게 산에서 끌려 내려온 화전민들은 정부가 마련해 준 집단주택에 정착해 농민의 삶을 살게 되었습니다. 이들에게 제공된 집단주택 가운데 원형을 잘 간직한 건물이 강원도 철원군 동송읍 이평리에 남아 있지요. 강원도 지역신문의 보도를 통해 그 주택의 존재를 파악하고는 현지를 다녀왔습니다(《강원도민일보》 2020년 4월 13일 자 「철원서 키와니스 구호 가옥 발견 체계적 보존·관리 필요성 제기」).

주택과 인접한 오지3리 마을 회관에는 '키와니스촌 일동'이 미국 키와니스 클럽 대표, 강원도지사, 한미재단 단장에게 바친 1967년의 송덕비가 남아 있었습니다. 그리고 원형을 잘 간직한 키와니스 주택의 벽면에는 '한미재단(American-Korean Foundation) 1966'이라는 글귀가 선명히 새겨져 있었지요. 이 주택 주변에 있는 건물들도 외형은 바뀌었지만 1966년 당시의 위치대로 마을을 이루고 있습니다. 참고로 키와니스(Kiwanis)는 미국 인디애나주에 본부를 둔 자선단체이고, 한미재단은 1952년에 한국과 미국의 유지들이 공동 설립한 한국 원조 기관입니다.

조선총독부와 한국 정부가 시행한 산림녹화 사업과 화전민 정리 사업은 너무나도 성공적이어서, 오늘날 한국 시민의 상당수는 '화전민'이라는 단어조차 낯설어하기에 이르렀습니다. 인간의 존재 양식 가운데 하나인 화전민의 삶, 그리고 산민이 이뤄 낸 독자적 문명의 형태가 한반도에서 완전히 소멸한 것입니다. 도시민과 농민의 갈등이라는 지난 100년간의 대립 구도. 그 그늘에서 벌어진 해민과 농민의 갈등, 산민과 농민의 갈등은 조용히 농민의 승리로 끝났습니다.

03

도시와 공장에
흡수된 농촌

: 지워진 길, 토막 난 마을

물속에 잠긴 마을

앞서 두 장에서 간척과 화전에 대해 말씀드렸습니다. 농토를 만들고자 바다를 간척하고 농업용수를 확보하려 댐을 만드는 바람에, 어업을 영위하고 강을 오가며 삶을 꾸리던 이들은 직업과 마을을 잃었지요.

남한강 수운(水運)으로 번성하던 충청북도 충주의 목계 나루는 "하늘은 날더러 구름이 되라 하고 / 땅은 날더러 바람이 되라 하네."로 시작하는 신경림의 시「목계 장터」로 유명한 포구였습니다. 하지만 남한강의 수운 기능이 정지된 오늘날에는 포구의 흔적을 찾아보기 힘든 것은 물론이고, 배후 마을이던 목계리도 쇠락 일로를 걷고 있습니다. 강원도의 중심 도시인 원주, 그곳의 남한강 변에서 고려 시대부터 번성하던 흥원창 역시 지금은 흔적이 지워졌지요.

도판 1 충북 충주시 엄정면 목계리의 현재를 보여 주는 옛 우체국 (2022년 5월)

한편 식민지 시기부터 강 하류의 농토를 지키기 위해 상류 지역에서 화전을 금지한다는 정책이 시행되었습니다. 현대에는 화전민들이 집단 주택에 수용되어 농업을 강제당했습니다. 이리하여 한국에서 산민 고유의 생활양식은 사실상 소멸했지요. 강원도가 1976년에 출판한 『화전 정리사』에는 화전민이 산을 황폐화한다는 설명과 함께, 집단 이주 주택에 수용된 화전민 가족의 모습을 찍은 사진이 실려 있습니다. 이 책은 산민에 대한 농민의 승리 선언문이라고 할 수 있겠습니다.

그렇게 현대 한국에서는 농업이 강과 바다와 산에서 고유하게 이뤄져 온 여러 형태의 전통적 삶에 대해 승리를 거둡니다. 하지만 천하무적 같던 농업 또한 도시화와 공업화에는 저항하지 못하고 있습니다. 이 장에서는 도시와 공장 건설에 떠밀려 농촌이 사라져 가는 이야기를 전해 드리려고 합니다.

도판 2   『화전 정리사』에 실린 화전민 집단 이주 단지의 사진

'수몰민'(水沒民)이라는 말이 있습니다. 하류 지역의 도시민들에게 상수도를 공급하고 공업·농업용수를 확보해 주는 댐을 만들기 위해 물속에 가라앉힌 마을에 살던 주민을 가리키는 말입니다. 원래 물이 얼마 없던 곳에 물을 가득 모은 것이 댐이다 보니, 댐을 만들면 수몰민이 반드시 발생하게 마련입니다.

　1980년 충청도 한가운데에 대청호를 만들 때만 해도 3만 명에 가까운 수몰민이 생겼습니다. 이와 관련해 대전 지역신문에서 소개한 대청호 수몰민의 이야기가 마음에 와닿았지요. 마을이 사라진 뒤 40년이 지난 지금까지도, 사람들이 "어디서 오셨어요?"라고 물을 때마다 그는 "충남 대덕군 동면 내탑 42번지에서 왔어요."라며 수몰된 옛 마을의 주소를 말한다고 합니다(《금강일보》 2018년 6월 13일 자 「나는 수몰민입니다」). 대덕군 동면 내탑리는 오늘날 대전 동구 내탑동으로 이름을 바꿨지만, 사실상 대부분 지역이 물 아래에 가라앉아 있습니다. 일부 지역만이 지적도상에 '답'(畓)이나 '유'(溜) 같은 지목이 붙은 채로, 마치 유령처럼 마지막 흔적을 남기고 있을 뿐입니다.

　2020년 6월, 충청북도 옥천군 안내면 인포리를 답사했습니다. 장마가 시작되기 직전이라 대청호 수위가 낮아져 있었지요. 그로 인해 40여 년 전에 수몰된 인포리 옛 마을의 큰길 삼거리와 다리 교각이 몇 년 만에야 모습을 드러냈습니다. 이렇게 가뭄이 들며 수몰촌이 모습을 드러내면, 예전에 그 마을에 살던 수몰민들은 고향을 찾아갑니다. "그대 다시는 고향에 못 가리 / 죽어 물이나 되어서 천천히 돌아가리"로 시작하는 이동순의 시 「물의 노래 1: '새도 옮겨 앉는 곳마다 깃털이 빠지는데'」(1983)가 이러한 대청호 수몰민의 심정을 절절하게 대변합니다. 시인은 안동댐 수몰 지

도판 3 충북 옥천군 안내면 인포리의 옛 마을. 장마 직전, 큰길 삼거리와 다리 교각이 모습을
드러냈다. (2022년 6월)

구에서 쫓겨난 농민을 보고 시를 썼다고 밝힌 바 있습니다. 이 시에서 화
자는 "나는 수몰민, 뿌리째 뽑혀 던져진 사람 / 마을아 억센 풀아 무너진
흙담들아 / 언젠가 돌아가리라 너희들 물 틈으로"라고 말하지요. 그처럼
물속에 고향 마을이 자리한 수몰민은 죽어서 빗물이 되어서야 비로소 호
수 아래의 고향 마을로 돌아갈 수 있습니다.

> "안동댐 주변을 답사하다가 강아지를 안은 채 물에 잠긴 고향 마을
> 을 보며 엉엉 우는 노인을 만났어요. 노인은 장터에서 강아지를 팔아
> 술을 마시려고 했는데 너무 어려 살 사람이 없었죠. 노인은 고향을 잃
> 은 데 대해 '날아가는 새도 자리를 옮겨 앉을 때마다 깃털을 남긴다'는
> 표현을 했어요. 할아버지의 말씀은 기교는 없었지만 울림이 컸죠."
>
> ─《국제신문》, 「신나는 문학 기행 [12]」, 2012. 1. 17.

간혹가다가 "수몰민은 토지 보상을 받았으니 그걸로 된 것 아니냐?"라고 말하는 사람들이 있습니다. 하지만 태어나 자라난 곳이 완전히 사라진다는 것은 금전적 보상으로 도저히 치유할 수 없는 근본적인 상처를 남깁니다. 민속학에서는 그런 상처 입은 이들을 '제자리 실향민'이라고 부릅니다. 도시 사람들에게 상수도를 공급하고 공장을 돌릴 용수를 확보하기 위해, 오늘도 한국의 농촌에서는 쉼 없이 제자리 실향민이 발생하고 있습니다.

길은 끊기고

경기도 평택시 동북부의 고덕동. '고덕 국제 신도시'나 '고덕 국제화 계획 지구'라는 이름으로 더 친숙한 신도시 개발 지역입니다. 평택시에서 공개한 행정 지도를 보면, 고덕동은 신도시와 산업 단지로 가득 차 있으며 그 서쪽을 고덕면이 감싸 안은 모습이 확인됩니다. 고덕동과 고덕면은 원래 고덕면이라는 단일한 행정구역이었지만, 고덕 국제 신도시를 개발하면서 신도시와 산업 단지 지역을 고덕동으로 독립시켰습니다.

행정 지도만 놓고 보면, 고덕동에서는 2008년부터 시작된 신도시 건설이 2025년의 완공을 향해 순조로이 진행되고 있다는 느낌을 받게 됩니다. 하지만 실제로 고덕동의 서북쪽, 고덕면 두릉리·당현리와 경계를 접한 곳에 가 보면 현실은 다릅니다. 그 경계 지역에는 군사시설이 자리하며 이 시설은 당분간 다른 곳으로 옮겨 갈 계획이 없습니다. 행정 지도상의 구획은 어디까지나 계획일 뿐, 그것이 언제 실현될지는 기약이 없지요.

도판 4   경기 평택시 고덕동의 서북쪽 끝에서 바라본 아파트 단지 (2022년 3월)

고덕동의 서북쪽 끝에 서면 갈대밭 너머로 신도시의 아파트 단지가 구름처럼 떠 있는 모습이 보입니다. 그리고 이 옆에는 옛 마을의 길이 끊긴 채 버려져 있습니다. 옛길이 끊긴 지점에는 고덕 국제 신도시의 외곽을 감싸는 새로운 도로가 놓여 있지요. 끊긴 옛길 너머로 고덕 국제 신도시의 아파트 단지가 펼쳐지니, 바로 이 지점에서 고덕면이 끝나고 고덕동이 시작된다고 말할 수 있겠습니다.

예전에는 고덕동과 같은 행정구역이던 고덕면 당현리. 이곳에는 신도시 개발로 인해 토지를 수용당한 옛 농촌 고덕 주민들이 이주한 율곡마을이 자리합니다. 서울 용산에서 평택으로 미8군 사령부가 옮겨 오며 토지를 수용당한 주민들이 이주한 고덕면 두릉3리를 답사하러 간 적 있는데, 거기서는 율곡마을과 고덕 국제 신도시가 나란히 보였습니다. 농촌 고덕

시절의 흔적인 '평택군'이라는 옛 지명이 적힌 가옥 조사표를 단 개량 기
와집은 이미 폐가가 되어 있었지요.

> "평택 종합 청사와 증권 회사가 들어서고 앞 냇가는 청계천처럼 복
> 원한다고 들었어요. 어떤 모습으로 변하든지 '좌교리'라는 마을이 있
> 었다는 것, 그곳에 누군가가 살았다는 것, 그 사실은 잊혀지지 않았으
> 면 하는 바람입니다."
>
> ─『평택 고덕 국제 신도시』, 한국토지주택공사, 2013: 69쪽.

신도시 부지에 편입된 옛 고덕면 좌교리 주민의 말입니다. 하지만 신
도시 사람들은, 자기들에 앞서 그 땅에 살았던 이들에게 관심이 없지요.

마을은 토막 난다

옛 마을을 통째로 밀어내 택지를 조성하고 신도시를 건설하는 방식을 택한 한국에서는, 전국 어디서든 이렇게 주민들이 옮겨지고 길이 끊기고 마을이 지워지는 모습을 쉽게 확인할 수 있습니다. 강원도 원주시의 동쪽 끝에서는 2007년부터 '강원 원주 혁신 도시'가 조성되고 있습니다. 이곳 혁신 도시의 한복판에 자리한 반곡역사관 앞에는 '만남의 장'이라는 이름의 비석이 서 있지요. 혁신 도시 부지로 수용된 마을들의 주민을 위로하기 위한 망향비입니다. 그 비석 뒤에는 버들만이마을, 서리실마을, 뒷골마을, 뱅이두둑마을, 배울마을, 봉대마을 등 여섯 개 마을 이름이 적혀 있습니다.

비석 내용만 보면 이 마을들은 강원 원주 혁신 도시를 건설하는 과정에서 완전히 소멸한 것처럼 여겨집니다. 하지만 그렇지 않지요. 버들만이마을은 옛 모습 일부를 남기고 있습니다. 마을 회관을 포함한 대부분 지역이 혁신 도시 부지로 수용당해 토막 나기는 했지만, 마을 회관과 한 쌍을 이루던 새마을 창고와 옛길 일부분이 혁신 도시 서쪽의 동부순환로 건너편에 남아 있지요.

강원 원주 혁신 도시와 주변을 답사하던 중, 동부순환로와 군부대 뒤편에 옛길이 있다는 사실을 확인했습니다. 지도 애플리케이션을 열어

도판 6 **강원 원주시 반곡동의 '만남의 장' 비석 (2022년 5월)**

도판 7 강원 원주시 반곡동 버들만이마을을 가로지르는 유만길. 멀리 혁신 도시의 아파트 단지가 보인다. (2022년 5월)

검색해 보니, 이 길에는 '유만길'이라는 이름이 붙어 있었습니다. 그러나 버들만이마을 대부분이 혁신 도시에 편입되며 예전 마을로 이어지던 유만길은 거의 폐로(廢路)가 되었고, 새마을 창고가 서 있는 약 700m만이 도로로서 기능하고 있었지요.

　　1950년대부터 마을의 변화를 목격한 심재선이라는 주민분을 새마을 창고 앞에서 만났습니다. 이분의 증언에 따르면 새마을 창고 앞길, 즉 유만길은 원래 달구지만 다닐 수 있는 좁은 길이었으나 자유당 정권 때 본인 집안에서 땅을 헌납해 지금처럼 길이 넓어졌다고 합니다. 또한 심재선 선생은 혁신 도시 쪽에 1,000평의 논이 있었는데 그 논이 혁신 도시 부지로 편입되면서 보상금을 받아 원주시 외곽에 새로 논을 샀다고 합니다.

보상금으로는 원주 시내에서 똑같은 규모의 논을 사들이기가 불가능했기 때문입니다.

이분은 '마을 대부분이 강원 원주 혁신 도시에 편입되며 주민들이 흩어져서 이제 옛 마을 주민 가운데 생존한 남성은 자신뿐'이라고 증언해 줬습니다. 농촌 지역을 도시로 바꾸는 과정에서 주민들은 흩어지고 마을은 토막 납니다. 그리고 신도시에는 망향비가 세워져, 비록 토막 나기는 했지만 아직 옛 모습을 남기고 있는 마을을 이 세상에서 사라진 마을로 취급합니다. 현재 강원 원주 혁신 도시 외곽의 또 다른 농촌들도 신도시 편입을 눈앞에 두고 있습니다.

도판 8   강원 원주시 반곡동 버들만이마을의 원주민인
심재선 선생 (2022년 5월)

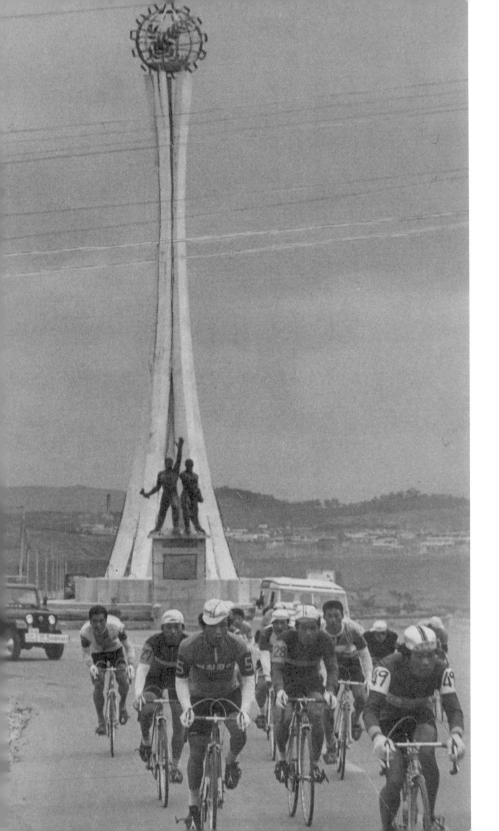

04

공업 도시 울산의 탄생

: 망향비를 따라 걷다

온산의 실향민들

이 장에서는 반세기 전 울산을 공업화할 때 고향을 떠나야 했던 제자리 실향민에 대해 말씀드리려 합니다. '실향민'이라는 말을 들으면 아마 여러분은 한반도 북부 지역에서 공산주의 정권을 피하여 한국으로 탈출해 온 이들을 떠올릴 것입니다. 저 역시 실향민 집안이다 보니, 지난 80년 간 실향민 가족들이 겪은 일에 관심이 많습니다.

앞서도 말했다시피 저의 아버지 쪽 집안은 평안북도 구성에서 탈출했습니다. 구성이라는 곳은 1019년에 강감찬 장군이 이끄는 고려 군대가 키탄제국(요나라, 916~1125) 군대를 물리친 귀주대첩의 무대입니다. 강감찬이 탄생한 서울 관악구 낙성대 근처에서 우연히 10년 정도 살았는데, 수도권 전철 2호선 낙성대역 안에는 귀주대첩의 기록화가 그려져 있어

271

그 벽화를 볼 때마다 아버지 쪽 친척들이 살던 평안도 구성을 생각하곤 했습니다.

실향민 집안에서 태어나 자라며 가장 기억에 남은 것은, 명절에 갈 곳이 별로 없다는 사실입니다. 아버지 쪽 친척의 절반은 구성 땅을 떠나지 못했고 한국으로 탈출한 친척들도 뿔뿔이 흩어졌습니다. 그래서 명절에는 아침에 일어나 서울의 큰아버지 집과 큰할아버지 집에 방문해 인사하고 나면 그것으로 끝이었지요. 어머니 쪽 집안 친척은 부산과 경상북도 청도에 있는데, 거리가 멀어서인지 명절 당일에 내려가는 일은 거의 없었습니다.

이렇다 보니, 지방에 친척이 많이 살아서 명절이면 먼 길을 다녀오거나 명절 당일에 온종일 바쁘게 인사 다니는 친구들을 볼 때마다 이상한 기분이 들었습니다. '나는 왜 명절에 갈 곳이 없는 걸까?' 하고 말입니다. 어릴 적부터 이런 의문을 품다 보니, 한국 구석구석을 답사하고 그곳들에 대해 글을 쓰는 지금도 실향민 문제에 관심이 큽니다. 그런데 곳곳을 돌아다니며 사람들을 만나고 이야기를 듣다 보니 알게 되었습니다. 한국에 친척이 적어서 명절이면 쓸쓸한 느낌을 받는 실향민 집안 출신이 저 말고도 많더군요.

한편 한반도 북부에서 탈출한 실향민 이외에 또 하나의 거대한 실향민 집단이 한국에 존재하고, 이 실향민들은 날이 갈수록 그 수가 늘어난다는 사실도 답사하며 알게 되었습니다. 바로 제가 '제자리 실향민'이라고 부르는 사람들입니다. 자신이 살던 집과 마을이 대규모 사업의 부지로 수용당하는 바람에 고향을 등져야 했던 사람들을 가리킵니다. 1989년의 1기 신도시 사업 때 고향인 경기도 성남시 분당 지역을 떠나야 했던 동간

마을 사람들이 1993년 고향 옛터에 세운 망향비인 '동간마을 모향비'를 제 책 『갈등 도시』에서 소개한 적이 있지요. 이 비석의 뒤편에는 망향비를 세운 이유가 다음과 같이 적혀 있습니다.

> 이제는 개발과 함께 흔적도 없이 사라진 정 깊던 터전과 그 시절의 모든 정경이 못내 아쉬워서 이 기념비를 뜻 모아 세운다.

분명 이곳이 고향 땅이지만, 신도시를 개발하는 바람에 옛 고향 땅의 모습은 전혀 찾아볼 길이 없습니다. 이런 경험을 하는 제자리 실향민은, 한반도 북부에 가면 고향 땅이 예전 모습대로 남아 있으리라고 믿는 실향민들과는 다른 맥락에서 상처가 큽니다. 물론 한반도 북부의 고향 땅도 예전 모습은 전혀 지니고 있지 않겠습니다만.

울산의 온산 공업지대 한복판에는 1974년 온산 국가 산업 단지를 건설하는 바람에 고향 땅을 떠나야 했던 사람들이 2010년에 세운 망향비가 있습니다. 그 비문(碑文)을 읽어 보면, 온산의 제자리 실향민 또한 경기도 성남시 동간마을 사람들과 같은 상처를 입었음을 알 수 있습니다. 차라리 고향이 북한이라면 통일이라는 헛된 희망이라도 품고, 댐을 건설하느라 수몰되었다면 물속에 들어가 보기라도 하겠건만, 이들의 고향 땅은 통째로 공장 지대로 바뀌어 옛 모습을 전혀 찾아볼 수가 없다는 것입니다.

> 지금 우리는 누군가가 고향이 어디냐고 물어 오면, 온산 국가 산업 공단이라 답해야 한다. 차라리 우리들 고향이 북한이라면 언젠가 통일이 되어 갈 수라도 있으련만 차라리 우리들 고향이 수몰되었다면 잠수

도판 1   울산 울주군 온산읍 화산리의 온산 이주민 망향비 (2020년 10월)

하여 볼 수라도 있을 것을…. 설사 남아 있는 곳이라 해도 높은 굴뚝 옆
의 그곳은 이미 그 옛날의 그곳이 아니더라.

　요즘에는 대도시의 5층짜리 아파트 단지에서 태어나 그곳을 고향으
로 여기는 시민도 많습니다. 이런 5층짜리 아파트 단지를 고층 아파트 단
지로 재건축하는 사업이 전국에서 활발히 이뤄지다 보니, 그곳에서 나고
자란 아파트 키드들 역시 성남 동간마을이나 온산 사람들과 마찬가지로
제자리 실향민의 상실감을 느낍니다. 이들 아파트 키드는 자기 고향인 아
파트 단지를 기록해서 독립 출판물로 내고 사진전을 여는 등, 고향을 기
억하려는 활동을 펼칩니다. 아파트 키드들의 독립 출판물과 사진전 또한
본질적으로는 성남·온산의 제자리 실향민이 세운 망향비와 똑같습니다.
현대 한국은 오늘도 쉼 없이 제자리 실향민을 만들어 내고 있지요.

울산 신항과 주변 공단을 만드느라 고향을 떠나게 된 용연마을 사람들은 예전에 고향이 있던 땅에 '용연 옛터비'라는 망향비를 세웠습니다. 망향비 비문의 마지막에는 이런 글귀가 적혀 있습니다.

나라의 발전을 생각하는 우리들의 큰 뜻이 있었기에 산업화의 물결을 수용한 것임을 밝혀 두고자 하며 아울러 이 땅이 누구의 땅이 되든 어떤 용도로 쓰이든 축복 속에 번창하길 기원하는 바이다.

고향 땅을 떠나는 것은 마음 아프지만, 국가 발전을 위해 떠나겠다는 말입니다. 전국 곳곳에 세워진 망향비의 글귀 가운데 가장 애절한 문구였습니다. 울산의 망향비들을 제게 소개해 준 향토사학자 김진곤 선생은 자기 고향이기도 한 용연마을을 기리는 이 '용연 옛터비'의 문장이 특히 좋다고 말했더랍니다. 이 구절을 읽으면서 김진곤 선생이 그렇게 평가한 이유를 알 것 같았습니다.

'용연 옛터비'의 비문을 쓴 옛 용연마을 주민 장정국 선생은, 이 마을 땅에 공장을 세울 예정이던 SK에너지에서 일했습니다. 그리고 하필이면 자기 고향 집에 들어설 원유 저장 탱크를 기초 설계하는 일을 맡았지요. 장정국 선생은 제자리 실향민이 된 심정을 이렇게 말합니다.

도판 2 울산 남구 황성동의 '용연 옛터비'
(2020년 10월)

275

"고향을 지적에 두고도 갈 수 없다는 사실은 묘한 슬픔이 쌓이게도 합니다. 강원도 두메산골이어도 좋으니 고향 마을이 보존되었으면 좋겠다는 생각이 들지요. 아이들에게 고향을 물려주지 못했다는 것이 가장 아쉽습니다."

— 『울산 경제 50년사 II』, 울산광역시·울산상공회의소, 2012: 144쪽.

이어서 그는 지금도 서울역을 통해 고향 가는 사람들을 볼 때마다 부러운 마음이 든다고 밝힙니다. 저를 포함한, 한반도 북부에서 내려온 실향민 집안의 사람들과 똑같은 상실감을 그도 느끼고 있는 것입니다.

용연마을은 한국의 공해를 상징하는 지역으로서 전 세계적으로 유명해진 바 있습니다. 1995년 6월 26일, 미국의 시사 주간지 《타임(Time)》에 당시 용연국민학교 뒤로 산업 쓰레기가 산처럼 높이 쌓인 사진이 실린 것입니다(김진곤 「울산 현대사를 빼닮은 용연초등학교 50년사」). 용연국민학교는 울산에 공업단지 조성 공사가 시작된 1962년에 개교했지만, 워낙 주변 지역의 공해가 심각해서 36년 뒤인 1998년 폐교되었습니다. 그런가 하면 온산 지역의 주민들을 다른 데로 이주시켜야 한다는 여론이 일던 1980년 7월 7일 자 《동아일보》에 실린 「온산 공해·이주 늑장 공단 주민 이중고」 기사에는, 마을 위로 공장의 컨베이어가 가로지르는 충격적인 사진이 실리기도 했지요.

울산의 온산 지역 공해는 주민들에게 '온산병'이라는 이름의 환경 질환을 발생시켰습니다. 1985년에 경제기획원(오늘날 기획재정부)이 작성한 「울산·온산 공단 피해 주민 이주 대책(안)」 문건을 보면, 정부가 공해병의 존재를 분명히 인식하고 있었음이 확인됩니다.

문제점: 계획적인 개발을 하지 않고 입주 업체 임의로 입지 선정, 공단 건설. 임야, 농경지 등 용지 매입이 용이한 지역 중심으로 개발 됨으로써 부락과 공장이 혼재하여 공해 분쟁 빈발.

— 경제기획원. 「울산·온산 공단 피해 주민 이주 대책(안)」, 1985. 9. 20.

하지만 정부는 끝내 온산병이라는 공해병의 존재를 인정하지 않은 채 지역 주민들을 다른 곳으로 이주시키며 사태를 무마해 버렸습니다. 이주 시킬 때도 충분한 보상금을 책정하지 않았기 때문에 어떤 사람은 도시 로 흘러들어 빈민층이 되었고, 원래 살던 오염된 고향으로 되돌아와 농업 이나 어업을 재개하는 사람들도 있었습니다.《한겨레신문》1995년 6월 2일 자 「'온산병'에 집단 이주 버려진 공해의 땅」에는 이주 대상 주민들이 고향으로 되돌아와 오염된 바다에서 미역을 양식해서는, 자신들은 이 미

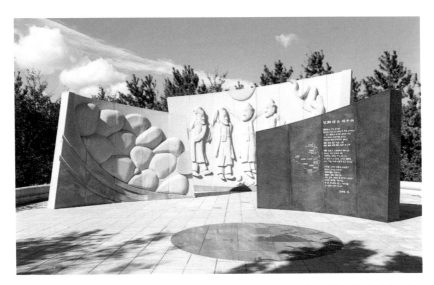

도판 4   울산 남구 성암동에 용연마을을 포함한 개운포 지역 주민들이 조성한 망향비. 아라비아 출신의 처용이 개운포를 통해 신라로 들어왔다는 전설이 있어서, 처용무를 추는 사람들의 모습이 묘사되어 있다. (2020년 10월)

도판 5   울산 남구 황성동 처용암 주변에 옛 세죽마을 실향민들이 세운 '세죽 옛터비' (2020년 10월)

역을 먹지 않고 산지를 숨겨 타지에 판매한다는 내용이 실리기도 했지요. 과거 폐광산 주변의 오염된 토양에서 농사지은 농민들이 '카드뮴 쌀'을 자신들은 먹지 않고 산지를 속여 타지에 판 것과 비슷한 일이 울산에서도 일어난 것입니다.

수몰 지역 실향민들

향토사학자 김진곤 선생은 울산의 제자리 실향민을 크게 세 부류로 나눕니다. 첫 번째는 1962년 이후 공장용지를 확보하기 위해 마을들을 수용하면서 발생한 이주민, 두 번째는 온산처럼 심각한 환경오염으로 발생한 이주민, 세 번째는 식수와 공업용수를 확보하기 위한 댐 건설로 인해 마을이 수몰되면서 발생한 이주민입니다.

공업 도시가 되면서 급속히 인구가 늘어난 울산에는 선암댐, 사연댐, 대암댐, 회야댐, 대곡댐 등 댐도 많이 건설되었습니다. 1986년 회야댐이 건설되면서 고향이 물에 잠긴 중리·신전·신리·통천마을 주민들은 망향비에 이렇게 소회를 밝혔지요. "울산광역시 시민의 식수원인 회야댐을 축조함으로써 조상님들의 혼과 얼이 담겨 있는 고향을 물속에 두고 정든 고향 산천을 뒤로하고 떠"났다고 말입니다.

울산의 많은 댐 가운데 특히 유명한 것이 대곡댐입니다. 대곡댐이 만들어지면서 울주군 언양읍 대곡리의 반구대 암각화가 수몰 위기에 처했거든요. 수몰 예정지에서는 신라의 무덤 수백 기가 발굴되기도 했습니다. 그렇다 보니 타지 사람들은 대곡댐이라고 하면 반구대 암각화와 신라의

대암댐 건설로 수몰된 둔기마을 주민들이 울산 울주군 삼동면 둔기리에 세운 '둔기마을
애향비'. 마을 연혁과 함께 수몰 전 마을 지도를 새겨 놓았다. (2020년 10월)

무덤만 기억하지만, 대곡댐 때문에 고향을 떠난 제자리 실향민들도 잊혀
서는 안 되겠지요.

한편 대암댐이 만들어지면서 대부분 땅이 수몰된 둔기마을은 롯데그
룹을 창업한 신격호 전 회장의 고향이기도 합니다. 울산 울주군 삼동면
둔기리의 '둔기마을 애향비'에는 "둔기는 울산의 명산인 문수산 자락에
위치하고 있어 그 정기를 받은 영산 신씨의 신격호는 세계적인 재벌이 되
었다."라는 설명과 아울러 "1969년 대암댐으로 수몰됨에 따라 70여 호가
되었던 마을 주민은 뿔뿔이 흩어"졌다는 사연도 적혀 있습니다.

이 순간에도 울산에서 제자리 실향민이 생기고 있습니다. 최근에는
KTX 울산역을 짓느라 울주군 삼남읍 신화리 주민들이 고향을 잃었지요.

도판 7   KTX 울산역 앞에 자리한 울주군 삼남읍 신화리의 마을 당나무 (2020년 10월)

울산광역시 울산 역세권 택지조성으로 인하여 정든 고향 산천을 뒤로하고 떠나는 그 마음 정다운 고향 이웃 그리워 찾아와 쉬어 갈 망향비를 여기에 세운다.

KTX를 타고 울산역에 내리면 바삐 자동차를 잡아타고서 그곳을 떠나지 마시고, 역 앞에 남겨진 옛 신화리 마을 당나무와 그 한쪽에 세워진 망향비를 찾아가 봐도 좋겠습니다. KTX 역과 공장, 항구, 댐 등으로 바뀌어 사라진 울산의 옛 마을들을 떠올리는 여행은 특별한 경험이 될 것입니다.

05

제주 탑동로

: 제주도의 과거, 현재, 미래

열차가 달리던 섬, 제주

이 장에서는 제주도의 북쪽 절반을 차지하는 제주시, 그중에서도 도심 지역의 북쪽인 탑동 바닷가에 놓인 탑동로를 답사합니다. 지도 애플리케이션으로 '제주특별자치도 제주시 탑동로'를 검색하면, 서남쪽으로는 서문 사거리에서 시작해 북쪽으로 올라가다가 라마다프라자에서 동쪽으로 크게 방향을 꺾어 탑동 사거리까지 이어지는 길이 표시될 것입니다. 하지만 여기서는 탑동 사거리에서 동쪽으로 더 나아가 산지천이 바다로 흘러드는 용진교까지의 임항로 약 500m 구간도 넓은 의미의 탑동로라고 간주하겠습니다.

행정적인 관점에서 붙여진 길 이름이 가리키는 범위와, 실제로 사람들이 걷고 생활하며 느끼는 길의 범위는 서로 다를 때가 많습니다. 탑동

283

사거리에서 탑동로와 임항로가 갈라지는데, 이는 거기서 제주시 삼도이동과 건입동이 나뉘기 때문입니다. 오늘날 한국의 길 이름은, 설사 그 길이 꺾이거나 다른 길과 접속하거나 언덕을 넘거나 하천을 건너는 등의 눈에 띄는 변화를 보이지 않더라도 행정구역이 달라지면 서로 다르게 명명되는 경우가 많습니다. 이렇다 보니 현실에서는 하나의 길을 따라 똑같은 생활권으로 묶인 지역이, 지방자치단체가 서로 다르게 붙인 길 이름 때문에 마치 무관하게 분리된 것처럼 느껴질 때가 많지요. 도시에서 길과 그 주변의 사회적 성격을 알아내기 위해서는, 서로 다른 이름이 붙여져 분단된 것처럼 느껴지는 하나의 길을 통합적으로 이해해야 합니다.

넓은 의미의 탑동로는 원래 제주시 북쪽 바닷가에 놓인 좁은 해안 도로였습니다. 20세기 들어서 이 길과 나란히 열차가 달렸지요. 그 노선을 '제주도 순환 궤도'라 불렀습니다. 1929년부터 동쪽 김녕에서 제주를 통과해 서쪽 협재까지 57km 구간을 달리던 제주도 순환 궤도는, 불과 2년 뒤인 1931년에 운행을 중단했다고 합니다. 워낙 짧은 기간 존재했다 보니 이 궤도에 대해서는 불분명한 부분이 많습니다. 궤도가 어디에 놓였는지도 정확히 알 수 없으며 공식적으로는 김녕, 조천, 제주, 사수, 애월, 한림, 협재 등 일곱 개의 역 이름이 알려졌지만 실제로는 더 많은 역이 있었을 것으로 추정합니다.

이 당시를 기억하는 사람들은 그 열차를 가리켜 '도록고'라고 불렀습니다. '트럭'을 일컫는 일본어 '도롯코'는, 일본에서는 협궤 철로 위를 손으로 밀어 운행하는 소형 화차(貨車)를 의미하지요. 아마 제주의 도록고도 그런 소형 화물열차였겠지만, 그래도 20세기 전반의 2년 동안 제주도는 궤도 차량이 달리는 철도의 땅이었던 셈입니다.

제주도 순환 궤도는 이름대로 제주 전체 해안을 원형으로 연결할 계획이었던 것 같습니다. 만약 이 계획이 실현되었다면 제주도의 모습은 오늘날과 매우 달랐을 것입니다.

현재 제주도는 저 같은 대중교통 이용자가 마음껏 돌아다니기에는 교통 시스템이 매우 불편합니다. 만일 제주도 순환 궤도가 계획대로 완성되고 각 역에서 버스를 운행하는 시스템이 갖춰졌

도판 1　제주 제주시 건입동의 용진교 옆에 자리한 '도록고(궤도)' 차 표지석 (2016년 5월)

다면 제주시나 서귀포시 같은 도심지 말고도 섬 구석구석까지 사람들이 쉽게 이동할 수 있었을 것이며, 제주도의 고질적 문제인 교통 체증도 상대적으로 덜했을 터입니다.

지역 주민들은 이러한 도록고 열차가 제주 시내를 달렸음을 전하는 표지석을 2008년 용진교 옆에 세웠습니다. 열차가 달리던 섬 제주도를 그리워하는 주민분들이 탑동로 주변에 많이 계신다는 느낌을 이 표지석을 통해 받을 수 있었지요. 일본의 오키나와현과 마찬가지로, 제주도에도 20세기 전기의 한 시기에는 도록고 궤도 차량이 달렸던 것입니다. 참고로 오키나와현에 있던 다양한 궤도와 철도는 태평양전쟁으로 거의 파괴되었으며, 2003년부터는 단궤도(單軌道)의 모노레일(monorail)이 도입되어 운행 중입니다.

도록고가 달리던 시절로부터 40여 년이 지난 1970년대 초까지도 용진교 서쪽의 탑동로는 바닷가와 나란히 놓인 좁다란 길이었습니다. 하지만 탑동로 북쪽의 탑동 바닷가는 1970년대 후반과 1980년대 후반의 두 차례에 걸쳐 매립되어 사라졌지요. 1970년대는 워낙 군사정부의 지배가 서슬 퍼렇던 시절이어서, 제주도뿐만 아니라 전국적으로 공유수면매립 사업이 거의 아무런 저항 없이 진행되었습니다. 그러나 1987년의 6월 민주 항쟁으로 대표되는 1980년대 후반의 사회 분위기는, 그전과는 전혀 달랐습니다.

뭍에 맞선 탑동의 시층

'제주 탑동 공유수면매립 반대 운동', 또는 간략하게 '탑동 매립 반대 운동'으로 불리는 이 시기의 저항은 1940년대 후반의 4·3 사건 이후 뭍의 중앙정부에 대항해 제주 시민들이 수십 년 만에 조직적으로 맞선 사건입니다. 탑동 매립 반대 운동은 "국가 주도 제주 개발 체계에 대한 본격적 비판의 출발점"이었지요(장훈교 「제주 탑동 공유수면매립 반대 운동」). 그때부터 해녀를 비롯한 제주의 시민들은 국가, 도, 시에서 집행하는 각종 토목 사업에 적극적으로 의견을 개진하고 조직적으로 주민운동을 전개하게 되었습니다. 1987년부터 1993년까지 무려 마흔여덟 건의 주민운동이 폭발했으며, 이를 통해서 제주라는 정치적 공간에 '주민'이라는 새로운 주체가 등장한 것입니다(《제주대미디어》 2018년 11월 15일 자 「탑동 매립 반대 운동과 그 이후의 30년을 생각한다」).

한편 현재 제주시 도심의 동문 시장 부근에는 '1949년 12월 28일 부터 1950년 9월 1일까지 해병대 사령부가 거기에 주둔했다'는 사실을 알리는 표지석(박종상 「제주도 주둔 해병대 사령부 위치에 대한 연구」) 과 함께 '해병혼(海兵魂) 해병대 기념탑'이 자리합니다. 4·3 사건 당시 수많은 가족과 동료를 잃은 제주의 시민들은, 6·25전쟁이 발발하자 국가에 대한 충성심을 나타내기 위해 3만여 명이 자발적으로

도판 2 제주 제주시 일도일동의 '해병혼 해병대 기념탑' (2020년 11월)

군에 입대해서 혁혁한 전공을 세웠습니다(『대한민국을 구한 제주인』). 특히 해병대에 입대한 제주 출신 병사들은 인민군이 도청하지 못하도록 제주어로 작전상 무선 교신을 주고받았다고 전해집니다(《서울신문》 2017년 6월 25일 자 「6·25전쟁 도솔산 전투서 난데없는 제주어 '비밀 작전'」). 이는 얼마나 많은 제주 사람이 해병대에 입대했는지를 상징하는 사례입니다.

　대한민국이라는 신생국가가 탄생한 직후 생존의 위기에 처했던 제주 시민들의 노고를 상징하는 것이 '해병혼 해병대 기념탑'이라면, 중앙정부의 일방적 행정에 맞서 제주도라는 지역의 정치적 의식을 일깨운 탑동 매립 반대 운동 또한 좀 더 성대하게 기념되어야 옳을 것입니다. 아직 과문 (寡聞)한 저로서는 현재 탑동로 일대에서 이 운동을 기리는 흔적을 찾지 못했습니다. 지금 탑동로에서는 제주 신항만 건설이라는 이름으로 또다

도판 3   제주 제주시 삼도이동에 자리한 해녀 강달인 선생의 집 (2020년 12월)

시 매립 사업이 추진되고 있습니다. 이럴 때일수록 1980년대의 탑동 매립 반대 운동에서 기릴 부분이 있다면 탑동로의 어느 한쪽에라도 기념물을 세워 기억하고, 계승할 점이 있다면 잘 정리해 이어 감으로써 제주 신항만 건설이 '관(官)과 민(民)의 대립'이라는 군사정권 시절의 갈등 구도를 답습하지 않기를 기원합니다.

　탑동 매립 반대 운동에서는 특히 탑동 앞바다를 생활 기반으로 삼던 해녀분들의 조직적 활동이 두드러졌습니다. 매립이 끝나고 나자 그곳에서는 해녀분들이 더는 활동하지 않게 되었지만, 당시 모습을 전하는 도시 화석이 아직 탑동로에 남아 있습니다. 왕복 4차선 탑동로의 바로 남쪽, 탑동로5길과 탑동로13길 사이 좁은 골목길에 자리한 해녀 강달인 선생의 집이 그것입니다. 오늘날 제주공항으로 향하는 자동차들이 빠르게 스쳐 가는 간선도로로만 생각되는 탑동로가, 한때 해녀들이 삶의 무대로 삼던 바닷가 해안 도로였음을 이 집은 생생히 증언합니다. 탑동 매립 반대 운동을 기념할 시설이 필요하다면, 이곳 강달인 선생의 자택인 '해녀의 집'이야말로 그에 가장 걸맞은 공간일 것입니다.

제주창조경제혁신센터에서 발간한 『리노베이션 스쿨 in JEJU』(2020)에는 강달인 선생이 이 집에 거주하는 것으로 나오는데, 제가 방문했을 적에는 집이 비어 있는 것 같았습니다. 그 책에 따르면 강달인 선생의 집을 식당 및 체험 공간으로 탈바꿈할 계획이라고 하니, 이를 위해서 잠시 집이 비어 있던 것일지도 모르겠네요. 탑동로의 역사성을 상징하는 '해녀의 집'이 부디 철거되지 않고 어떤 형태로든 활용되기를 바랍니다.

1980년대 말에 탑동 앞바다를 메우는 과정에서 탑동로는 왕복 4차선으로 확장되었으며, 매립된 바다와 탑동로 남쪽은 단절되었습니다. 오늘날 탑동로 북쪽에는 사립 미술관과 서부두 횟집 거리가 자리해 어느 정도 활기를 띠지만 두 곳의 중간에는 탑동 광장과 대형 할인점, 주차장 등만 펼쳐져 있어서 걸을 때 황량한 느낌을 받습니다. 한편 탑동로 남쪽 지역의 중앙로1길과 중앙로2길에는 몇몇 맛집이 자리 잡고 있지만 기본적으로는 호텔, 모텔, 클럽 등의 유흥가가 형성된 터라 남녀노소 누구나 마음 편히 돌아다니기에는 곤란해 보였지요. 탑동로 북쪽의 사립 미술관을 비롯해 그 일대의 시설을 이용하는 집단과 탑동로 남쪽의 유흥가를 찾는 집단은 겹치지 않을 것 같았습니다.

앞바다가 매립된 1980년대 후반부터 2000년대 초까지는 탑동 광장과 탑동로 남북 지역에 수십 개의 포장마차가 성업했습니다. 포장마차촌은 매립 전부터 탑동 바닷가에 존재했는데, 매립공사와 함께 탑동로 서쪽에 자리한 용담 해안 도로로 옮겨졌지요(《경향신문》 2011년 7월 11일 자 「제주

도판 4　　　제주 제주시 중앙로1길의 저녁 풍경 (2020년 11월)
도판 5　　　제주 제주시 건입동의 탑동 광장 (2020년 12월)

탑동 노점상 3년째 "올해만…"」). 그 뒤 1990년에 다시 탑동 지역에서 포장마
차 영업이 허가되자 노점 숫자가 대거 늘어나며 주변 상인들과 마찰을 빚
기 시작했습니다. 포장마차촌이 용담 해안 도로에 있던 시기에는 행정 당
국에 의해 포장마차를 철거당한 스물여덟 살 김준연 씨가 분신자살하는
비극이 일어나기도 했지요(《한겨레신문》 1991년 9월 4일 자 「포장마차 강제 철
거 비관 '억척 삶' 20대 분신자살」).

　　한편 포장마차촌이 철거되는 과정에서는 제주 역사에서 중요한 사건
이 새삼 주목받기도 했습니다. 1918년 10월 7일 서귀포시 도순동 법정사
라는 사찰의 김연일, 방동화 등이 주도해 400여 명이 이틀에 걸쳐 무장투
쟁을 일으킨 '무오 법정사 항일운동'이 그것입니다. 이들은 길을 걷던 일
본인 고이즈미 기요미 및 장로교 목사 윤식명 일행을 상해하고, 중문리

순사 주재소를 불태우는 등의 투쟁을 전개한 뒤 퇴각합니다. 법정사 항일 운동의 사상적 배후로 지목된 인물은 김석윤이라는 주자학자 출신의 승려였지요(한금순 「승려 김석윤을 통해 보는 근대 제주인의 사상적 섭렵」).

위 사건 속 김석윤의 막내딸인 김복수 선생이 1980년대 탑동 지역에서 포장마차를 하다가 단속당하는 일이 있었습니다. 김복수 선생은 다른 노점상들과 함께 철거에 항의하러 제주시청을 찾았다가, 그간 후손을 찾지 못한 김석윤의 막내딸이라는 사실이 밝혀져 얼떨결에 독립 유공자 서훈을 받게 되었습니다. 아버지 김석윤은 일본 측의 감시를 받았기에 평생 떠돌아다녔고, 어머니도 김복수 선생이 세 살 때 사망하는 바람에 그는 극빈의 삶을 살아야 했던 것입니다(《제주불교신문》 2016년 8월 26일 자 「독립 운동 이유로 평생 무관심과 가난 속 삶」).

이렇듯 탑동로 주변의 포장마차는 탑동 공유수면매립의 결과물이면서 비극의 산실이었고, 역사의 증인을 찾아내는 계기를 마련해 주기도 했습니다. 또한 포장마차라는 영업 형태에 대해서는 찬반양론이 존재하지만 이 포장마차촌이 탑동로의 서쪽과 동쪽, 북쪽과 남쪽을 이어 주는 연결 고리로서 기능했음을 현지의 여러 분이 증언해 주셨지요. 지금도 이 포장마차촌을 재현해서 탑동로를 관광 명소로 부활시키자는 현지 분들의 논의를 쉽게 접할 수 있습니다.

아주 오래전에는 탑동에 포장마차 거리가 있었는데 더럽고 보기 안 좋다는 이유로 지금은 사라진 지 오래이다. 다시 생기면 관광 명소가 될 텐데 아쉽다.

— '리얼 제주 도민 이야기', 「제주 산책로: 탑동」, 2020. 7. 7.

포장마차 다시 등장시키고 부산의 먹거리 카처럼 50여 대의 색다
른 개성 있는 먹거리 장터 그리고 벼룩시장을 통해 제주민과 관광객의
소통 유도. 탑동에 야시장을 만들어 먹거리 차, 포장마차, 공연 문화,
극장들을 포함해서 제주의 바다까지… 탑동의 변신으로 젊은이들층을
유도하는 문화.

— '도지사에게 바란다', 「제주 관광의 대안」, 2017. 4. 3.

탑동 포장마차촌이 사라진 뒤에는 중화인민공화국 관광객들이 이곳
에 단체로 여행을 오면서 한때 활기를 되찾는 것처럼 보였지만, 중공 측
이 사드(THAAD) 설치 등의 명분을 내세워 자국 관광객의 제주 방문을 제
한하자 이 또한 곧 시들해졌습니다. 서울 명동과 마찬가지로, 특정 국가
의 관광객 무리만 바라보고 자국민 손님을 홀대한 결과가 요 몇 년 사이
에 이곳 탑동로에서도 나타났지요. 그리하여 2016년부터 제주도를 방문
할 때마다 탑동로에서 느꼈던 휑한 분위기는 최근에 답사했을 때도 여전
했습니다. 탑동로 서북쪽에서 사립 미술관이 지역의 상업적 활기를 만들
어 내기 위해 노력하는 모습에 감탄하면서도, 구조적으로 깊은 연원을 지
닌 탑동로의 상업적 침체는 한 곳의 사립 미술관이 해결하기에는 버거운
것이 아닌가 싶었습니다.

서쪽에서 동쪽까지 차례대로, 해녀 강달인 선생의 집부터 탑동 매립
반대 운동의 현장, 제주 최초의 조선소인 제주조선, 용진교를 건너 탑동
로를 달리던 도록고의 표지석, 조선에서 가장 유명한 '기생 출신 자선사
업가' 김만덕(1739~1812)을 기리는 김만덕객주까지. 조선 시대부터 현대
에 이르는 제주시 구도심의 역사와 문화를 상징하는 거리로서 탑동로와

도판 6   제주 제주시 건입동의 서부두 방파제 (2020년 12월)

도판 7   제주특별자치도민속자연사박물관의 '마스크 쓴 돌하르방'과 '쇠 하르방' (2020년 12월)

그 주변을 조명할 수도 있을 것입니다. 길이 지나는 지역의 시층, 즉 역사적 중층성과 사회적 복잡성의 발견을 좋아하는 저로서는 넓은 의미의 탑동로가 좀 더 많은 사건의 스토리텔링을 통해 상업 등 여러 분야에 활용될 수 있으리라고 여겨집니다. 다음번에 탑동로를 방문할 때는 이번 방문에서 느낀 황량함이 조금은 사라지기를 바랍니다.

06

조치원

: 도농 복합 도시 세종의 정체성

세종시에 가려진 옛 연기군

2012년 7월, 대전과 충청남도와 충청북도의 경계 지역에 '세종특별자치시'(이하 세종시)가 설치되었습니다. 충청남도 옛 연기군 전체와 공주시 일부, 충청북도 옛 청원군 일부를 흡수해 세종시가 탄생했지요. 세종시로 편입된 연기군, 공주시, 청원군의 대부분 권역에서 농업이 이뤄지고 있었으므로 세종시는 도시와 농촌이 결합한 '도농 복합 도시'(都農複合都市)의 성격을 태생적으로 지닙니다.

그런데 현재 대다수 한국 시민이 떠올리는 '세종시'란, 세종시 전체 지역 가운데 행정기관이 모여 있는 신도시 일부 블록의 고층 아파트 단지들일 것입니다. 이 신도시는 옛 연기군 남면 지역에 해당합니다. 그리고 신도시에 자리한 한국토지주택공사 세종특별본부의 테니스장 옆 구석진

도판 1　세종 어진동 한국토지주택공사
세종특별본부 테니스장 옆에
방치된 옛 연기군의 마을 비석과
석상들 (2021년 7월)

곳에는 연기군 남면의 마을 비석과 기타 석상들이 10여 년째 방치되고 있습니다. 이는 신도시 조성을 마친 뒤 원래 자리에 다시 세워 두기로 했던 것들입니다.

　그처럼 옛 연기군 각지의 비석들이 방치된 문제는 이미 몇 년 전에 현지 언론에서 지적한 바 있습니다(《세종의소리》 2016년 6월 2일 자 「'찬밥 신세' 전락한 옛 연기군 마을 표지석」). 하지만 제가 현지를 답사했을 때도 상황은 여전했습니다. 세종시에서 옛 연기군의 정체성이 어떤 대접을 받고 있는지를 보여 주는 가장 상징적인 사례입니다.

　신도시가 만들어지면 새로이 사람들이 모여들고, 새로운 입주자들은 예전의 마을 이름 대신 아예 새 이름을 지어 붙이려는 경향을 보입니다.

옛 연기군 남면 방축리와 고정리, 공주시 장기면 당암리가 세종시 탄생 이후 방축동·고정동·당암동이 되는 대신 도담동·고운동·다정동으로 정해졌듯 말이지요. 그 당시 신문에서는 "도담은 '야무지고 탐스럽다'는 뜻으로, 방축보다 훨씬 세련되고 부르기도 편하다."라는 신도시 주민의 주장을 전하기도 했습니다(《동양일보》 2013년 3월 31일 자 「세종시 '도담동' 명칭 본래 명칭대로 최종 확정」). 이들 이주민에게 세종시란 예전의 농촌 시절이 존재하지 않는, 역사가 없는 땅 위에 새로이 탄생한 인공 도시여야 하는 것입니다.

세종시가 탄생하기 전까지 그 땅에 존재한 옛 연기군 전체와 공주시 장기면(현재 세종시 장군면), 옛 청원군 부용면(현재 세종시 부강면) 등지의 기억이 지워져 가는 가운데 이에 대한 '저항'을 주도하고 있는 곳이 조치원읍입니다. 그러한 저항을 잘 보여 준 사건이, 경부선 조치원역을 세종역으로 바꾸려던 세종시 행정 당국의 움직임을 막아 낸 일이지요. 이 당시 조치원읍의 어떤 시민은 "세종특별자치시 세종역으로 바뀌면 조치원이란 지명도 서서히 잊히는 곳으로 전락되고 우리 후손들에게는 세종이란 명칭으로 조치원이란 지명은 역사 속으로 사라질 것"이라 지적했습니다 (《충청투데이》 2012년 8월 7일 자 「조치원역 → 세종역' 개명 찬반 논란」). 결국 조치원역은 이름을 그대로 유지했지요. 옛 연기군 정체성과 현 세종시 정체성의 싸움에서 연기군 쪽이 거둔 작은 승리입니다.

2021년 말, 조치원에서 열린 세미나의 기조 강연을 맡았습니다. '원도심 유휴 공간 활용 창업 세미나'라는 행사였지요. 세종창조경제혁신센터가 주최하고 운영은 문화유산 활용 청년 기업 'PAL문화유산센터', 그리고 고려대학교 세종캠퍼스 학생들이 조직한 아카이빙 팀 '아키오스코프'가

도판 2　　　세종 조치원읍 정리의 옛 조치원역 창고 (2021년 12월)

맡았습니다. 이 세미나는 1935년에 세워진 옛 조치원정수장을 개조한 조
치원문화정원에서 열렸지요.

　그 자리에서도 조치원역 이름을 둘러싼 문제에 대해 참석자들의 서로
다른 의견이 오갔습니다. 신도시 쪽에 산다고 밝힌 한 참석자는 "조치원
역을 세종역으로 바꿔야, 다른 지역 사람들에게 세종시를 방문하라고 할
때 설명하기가 편하다."라고 말했지요. 이에 저와 함께 발표를 맡았던 전
조치원읍장 윤철원 선생은 조치원역을 세종역으로 바꾸려는 움직임을
막은 당사자로서 견해를 밝혔습니다.

　저는 세종시가 만들어질 때 조치원은 일단 조치원시로 독립할 필요가
있었다고 말씀드렸습니다. 그리고 그렇게 하지 못해서 결국 정체성을 잃
어버린 사례로 영등포를 거론했지요. 서울 영등포구와 세종 조치원읍은
비슷한 역사를 겪었습니다. 옛 경기도 시흥군의 중심지였던 영등포와 옛

도판 3　세종 조치원읍 평리의 옛 조치원정수장을 개조한 조치원문화정원 (2021년 12월)

충청남도 연기군의 중심지였던 조치원은 1931년에 똑같이 읍으로 승격해 영등포읍과 조치원읍이 되었지요. 영등포읍은 1936년 경성부로 편입되었는데, 이때 영등포 읍내에서는 경성부에 편입되는 대신 영등포시로 독립하자는 움직임이 있었지만 결국 영등포는 경성에 흡수되었습니다.

　영등포 주민들은 1970년대까지도 경성·서울과는 다른 독자적인 지역이라는 정체성을 지켰습니다. 1970~1980년대 한국 상황을 생생히 전하는 뿌리깊은나무 출판사의 『한국의 발견: 서울』(1983) 속 영등포구 항목에는 그러한 특성이 잘 나타나 있지요.

　　70년대의 첫 무렵 때까지만 해도 한강 남쪽에 살던 서울 사람은 '서울 사람'이 아니라 '영등포 사람'이었다. 또 한 울타리 안에 사는 서울특별시민이 한강 다리를 건너 강의 이쪽과 저쪽을 오가는 행위도

"영등포 사람이 서울로 가는"것이거나 "서울 사람이 영등포로 가는" 것이었다. 그때의 영등포구는 서울의 한강 남쪽을 통틀어 일컬은 통칭이기도 했고 서울에 딸린 한 구였기보다 한강을 사이에 두고 서울이라는 도시와 맞선 독립된 한 도시였기도 했다.

— 『한국의 발견: 서울』, 뿌리깊은나무, 1983: 312쪽.

하지만 이후 50여 년간 영등포는 서울과 구분되던 독자적인 정체성을 상실했습니다. 오늘날 영등포는 강북 사대문 안, 강남(강남구·서초구)과 아울러 서울의 3핵이라는 중심지의 비중마저 서서히 잃어 가는 중입니다. 영등포구에 속하는 여의도는 여전히 서울의 정치·경제 중심이지만, 영등포보다는 한강 건너 마포구나 용산구와 일체화를 이뤄 가고 있지요. 만약 경기도 광명시나 과천시 규모의 영등포시가 독자적으로 존재했더라면, 이런 식으로 영등포의 중요성이 축소되지 않았으리라 생각합니다.

조치원도 결국 영등포처럼

한 세기 전에 영등포가 걸었던 궤적을 오늘날 조치원읍이 걷고 있는 것 같습니다. 조치원은 조치원역을 중심으로 볼 때 주로 동쪽으로 도심이 발달했습니다. 하지만 그보다 더 동쪽으로 발전하는 길은 막혀 있는 상태입니다. 조천이라는 하천을 경계로 해서 동쪽으로는 충청북도 청주시가 있기 때문입니다. 위성사진을 보면 조천 서쪽으로는 조치원의 도심지가, 동쪽으로는 청주의 농촌 지대가 펼쳐진 모습을 확인할 수 있습니다.

도판 4   1917년에 제작된 충남 연기군 조치원면 조치원리 지도

  행정구역이 도시 발전과 무슨 상관이냐고 생각하실 수도 있습니다. 하지만 행정 당국과 정치인들은 모든 개발이 자신들의 관할구역 안에서만 이뤄지기를 바랍니다. 이 때문에, 어떤 도시나 공업단지가 여러 행정구역에 걸쳐 있으면 시민들에게 커다란 불편을 끼치는 일이 발생하기도 합니다. 2008년부터 개발이 시작된 위례 신도시가 대표적 사례입니다. 위례 신도시는 행정동만 따지면 다 같은 '위례동'이지만 서울 송파구 위례동(법정동상 장지동·거여동 일부)과 경기도 성남시 수정구 위례동(법정동상

창곡동) 및 하남시 위례동(법정동상 학암동·감이동)으로 쪼개져 있지요. 그렇다 보니, 동시에 개발된 같은 생활권의 신도시 주민들이 각자 서로 다른 행정기관과 도서관을 이용하고 서로 다른 쓰레기종량제 봉투를 사용하는 등의 혼란이 한동안 이어졌습니다. 위례 신도시에서 거둬들일 수 있는 세금을 다른 곳에 빼앗길 수 없다는 세 지방자치단체의 고집이 빚어낸 결과입니다.

이런 이유로 조치원읍 역시 동쪽 청주시 방향으로 발전하기보다는, 서쪽으로 신도시를 개발하는 방식을 선택했습니다. 그 지역에는 고려대학교와 홍익대학교의 캠퍼스가 있어서 기본적으로는 도시화의 수요가 존재합니다. 조치원읍 서창리의 옛 농촌 마을들은 이러한 조치원역 서부의 개발 바람 속에 서서히 해체되고 있지요. 서창리 주변을 걷다가 옛 마을의 어귀로 생각되는 고개 위에서 4-H 운동 비석을 확인했습니다. 조선 시대에는 장승이, 현대 한국에서는 4-H 운동 비석이나 새마을운동 비석이 마을 입구에 세워졌지요. 서창리의 4-H 운동 비석 너머에는 농촌 마을 구조가 일부 남아 있었지만, 그 주변으로는 곳곳에 새 건물들이 세워지면서 농촌 마을을 포위해 들어오는 형세였습니다.

과연 조치원 시가지는 서쪽으로 계속 뻗어 나가서, 직선거리로 약 10km 떨어진 세종 신도시 지역과 연담화(連擔化, conurbation)될까요? 앞으로 한국의 인구는 계속 줄어들겠지만 대서울, 동남권, 대전·세종·청주의 중부권 등 3대 권역은 각각 독자적인 메가시티(megacity)로서 존재할 것이라고 저는 전망합니다. 따라서 조치원읍과 세종 신도시의 인구는 여타 지방과는 달리 늘어날 가능성이 큽니다.

세종 신도시와 연담화함으로써 조치원읍이 KTX 천안아산역 일대처럼 신도심으로 거듭난다면, 연기군의 군청 소재지이자 근대 철도 도시로서 발달했던 조치원의 독자적 정체성은 세종시라는 정체성에 밀려 사라질 가능성이 있습니다. 영등포읍이 1936년 경성부로 통합되고 나서 반세기가 지난 뒤에 그 독자적인 정체성을 잃어버린 것처럼 말입니다. 그래서 조치원읍을 걸으며 '연기'라는 지명을 마주할 때마다, 저는 애틋한 심정으로 사진을 찍어 기록합니다. '연기군청 소재지 조치원읍'이라는 지역이 한때 영등포와 맞먹는 세력을 지닌 큰 도시였다는 사실이 잊히지 않도록.

그런가 하면 예전에는 충청북도 청주시 권역에 속한 옛 청원군 부용면도, 세종시로 넘어와 부강면이 된 뒤로는 청주 지역과 연결되어 있던

도판 7   충남 아산시 배방읍 장재리 KTX 천안아산역 부근의 경관. 천안시 서북구 불당동의 고층
아파트 단지가 병풍처럼 펼쳐져 있다. (2020년 8월)

도판 8   세종 부강면 부강리의 '세종 홍판서댁'. 2012년 세종 편입 전에는 '청원 유계화 가옥'으로
불렸다. (2021년 10월)

도판 9   세종 부강면 부강리의 옛 한옥 성당. 부강면은 다른 세종 지역(대전교구)과 달리 천주교
청주교구 소속이다. (2021년 10월)

생활권을 인위적으로 단절당하며 정체성의 혼란을 겪는 중입니다. 독립운동가 박열의 부인이던 아나키스트 가네코 후미코가 어린 시절을 보낸 이곳 '부용면 = 부강면' 주민들은, 세종시가 역사적인 정체성을 옛 연기군에서 찾다 보니 조치원읍보다 더 큰 소외감을 느끼는 것으로 보였지요. 그러한 현상은 충청남도 공주시에서 넘어온 '장기면 = 장군면'도 마찬가지입니다.

제가 참석했던 조치원읍의 세미나에서는 연기군이 세종시로 이어졌다는 식의 논의가 주를 이뤘습니다. 하지만 청원군과 공주시에서 넘어온 부강면과 장군면을 포함해, 세종시의 정체성을 '연기군 = 세종시'가 아닌 좀 더 넓고 복합적인 관점에서 설명할 필요가 있습니다. 한국처럼 오래전부터 곳곳에 사람들이 살아온 나라에는, 역사가 없고 원주민이 없는 땅은 거의 없지요. 인천의 송도 국제도시처럼 매립지에 들어선 것이 아닌 이상 신도시, 공업단지, 항만, 공항, 발전소, 댐의 건설 예정지는 누군가가 오랫동안 살아온 곳입니다. 이들 원주민의 정체성을 인정해야 합니다. 원주민을 한국의 발전을 방해하는 훼방꾼이나 '알 박기꾼'으로 치부하며, 마치 전투에서 적군과 싸우듯 이들을 일방적으로 매도하고 추방하지 말았으면 좋겠습니다.

도판 10 식민지 시기 조치원 신사가 있던 세종 조치원읍 침산리의 침산공원 입구에 자리한 표지석. 하단에 '연기 군민 일동'이라고 적혀 있다. (2021년 6월)

07

부천 역곡동 고택

: 알 박기 혹은 '이곳만은 꼭 지키자!'

5대를 이어 온 고택

이 장에서는 경기도 부천시 동쪽에서 철거될 상황에 놓인 전통 시대 마을과 기와집에 대해 말씀드립니다. 서울 구로구 온수동과 경계를 마주한 부천시 역곡동의 안동네마을에 남아 있는, 1894년에 지어진 것으로 추정되는 기와집입니다.

현재 역곡동 고택을 지키고 있는 사람은 박희자 선생입니다. 그는 자신의 증조부인 박주순이 1894년에 이 집을 지었으며, 5대에 걸쳐 집안 여성들이 주도적으로 고택을 지켜 왔다고 증언합니다. 박희자 선생이 이 부분을 특히 강조하는 까닭은, 역곡동 고택을 등록 문화재로 등재하려는 움직임에 반대하는 목소리 가운데 '한때 그 집에 친일파가 살았다'는 주장이 있기 때문이지요. 역곡동 고택과 거기서 살아온 사람들을 둘러싸고,

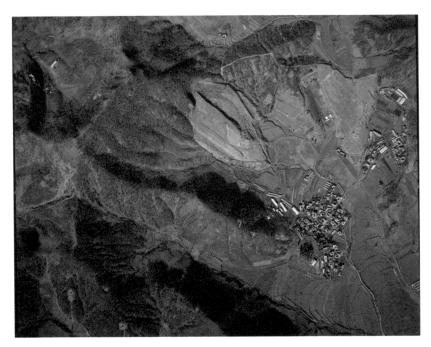

도판 1　　　1972년 서울시에서 촬영한 항공사진에 나타난 벌응절리마을

부천시 내부에서 여러 가지 주장이 치열히 충돌하고 있음을 짐작게 하는 대목입니다.

　제가 이 집에 대해 알게 된 것은, 고려대학교 건축학과 류성룡 선생이 《서울건축사신문》 2021년 2월 3일 자에 투고한 「벌응절리 한옥의 위기」라는 글을 읽고 나서입니다. '벌응절리'는 역곡동 북쪽의 개발제한구역을 가리키는 옛 지명이지요. 벌판의 언저리에 있다는 뜻의 '벌 언저리'에서 발음이 바뀌어 벌응절리가 된 것으로 생각됩니다.

　약 500년 전에 형성된 이 마을에서도 특히 역곡동 고택은 "1910년 지적 원도 시절부터 (…) 번지수도 그대로이고 땅의 경계선과 세세한 모양까지 일절 변하지 않"았습니다(《서울건축사신문》 2021년 2월 3일 자 「벌응절리

도판 2   경기 부천시 역곡동 고택 (2022년 2월)

한옥의 위기」). 도농 복합 도시나 농촌 지역에서는 이런 경우가 흔하지만, 적어도 부천시에서는 쉽게 찾아볼 수 없는 사례입니다.

부천은 선사시대(고강선사유적공원)부터 현대에 이르기까지 사람들이 살아온 흔적이 남아 있는 오랜 역사 도시입니다. 하지만 양귀자의 소설 『원미동 사람들』로 상징되듯 서울에 직장을 둔 이들의 베드타운으로서, 그리고 경인공업지대의 중간 지점으로서 일찍부터 개발되다 보니 전통 시대의 마을이나 집은 뜻밖에도 거의 남아 있지 않습니다. 얼마 남지 않은 것들 또한 신도시 건설과 택지 개발 사업 때문에 꾸준히 파괴되고 있습니다. 그런 가운데 벌응절리마을은 전통 마을 구조를 간직한, 부천의 몇 안 되는 동네 중 하나입니다.

수도권 전철 1호선 역곡역 북쪽의 주택단지가 끝나면서 벌응절리가 시작되는 길가에는 현대 한국의 농촌계몽을 상징하는 4-H 운동 비석이 서 있습니다. 전통 시대의 장승처럼, 전국의 농촌에서는 4-H 운동 비석을

도판 3   '벌응절1길'이라는 예전 도로명주소 표지판 (2022년 2월)
도판 4   경기 부천시 역곡동 벌응절리마을 초입의 4-H 운동 비석 (2022년 2월)

마을 입구에 세웠지요. 이 비석을 지나가면, 폐지된 행정구역인 '부천시 남구'라는 글자를 남긴 가옥 조사표가 붙은 기와집이 나타납니다.

1988년 지도에는 '안동네'라고 표기된 이곳 역곡동 벌응절리마을은, 김포공항 남쪽의 대장동과 함께 부천시에서 전통 시대 마을과 주택의 형태를 잘 간직한 양대 축입니다. 역곡동 벌응절리·안동네마을은 '부천 역곡 공공 주택 지구' 개발 사업으로 철거될 예정이고, 이곳과 마찬가지로 마을 어귀에 4-H 운동 비석이 서 있는 대장동 마을도 3기 신도시 대상 지역으로 지정되었습니다.

공공 주택 지구 개발 사업이 끝나면 벌응절리·안동네는, 부천의 새로운 중심으로 자리매김한 수도권 전철 7호선 연선 지역(상동·중동·춘의동)과 서울 양천구의 중간에 자리한 지역으로서 주목받을 것입니다. 그래서 부천시는 이 지역의 개발에 심혈을 기울이고 있습니다. 개발계획에 따르면 역곡동 고택은 마을과 함께 철거될 예정입니다.

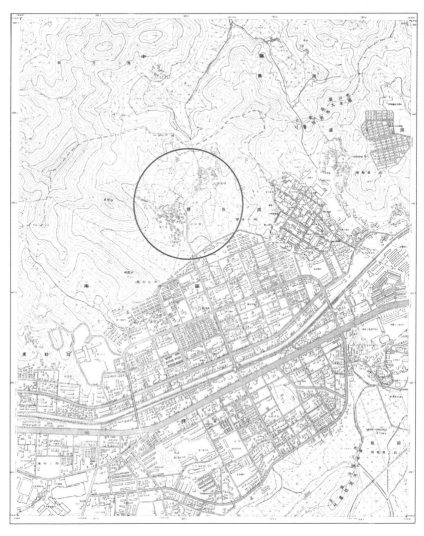

도판 5   1988년 경기 부천시 역곡동 일대의 지도. 원으로 표시된 곳이 안동네마을이다.

역곡동 고택의 운명은?

그런데 모든 택지 개발에는 공원용지가 필요합니다. 이곳 안동네는
벌응절리(벌 언저리)라는 마을 이름처럼 벌판과 춘덕산, 세덕산, 원미산이

맞닿는 경계 지역에 위치합니다. 그래서 역곡동 고택의 보존을 주장하는 측에서는 '어차피 공원용지를 지정할 것이라면, 이 건물 주변을 원형대로 남겨도 되지 않느냐?'라고 호소하고 있습니다. 서울의 돈의문 뉴 타운 사업 때 옛 마을의 일부 블록이 공원용지로 보존되어 '돈의문박물관마을'이 되었고, 경기도의 양주 고읍 지구 택지 개발 사업 때도 '죽산 안씨 연창위 종가' 고택 주변이 녹지 공간으로서 살아남은 사례가 있습니다.

　역곡동 벌응절리·안동네마을과 고택을 지켜보며 그간 수도권에서 일어난 몇 가지 사건이 머릿속을 스칩니다. 가장 먼저 떠오른 사례는 경기도 고양시에 일산 신도시를 개발할 때 철거되지 않고 살아남은 '밤가시 초가'입니다. 일산 밤가시 초가에 관해서는 이 책의 여러 곳에서 말씀드렸습니다만, 1970년대와 1990년대의 개발 담당자들에게는 이경상 선생이 도시화에 반대하는 시대착오적인 인물로 보였을 것입니다. 그러나 일산 밤가시 초가가 살아남게 된 지금, 고양시는 이 한옥을 청소년을 위한 역사교육의 장으로 잘 활용하고 있습니다. 일산 밤가시 초가를 지킨 이경상 선생과 마찬가지로, 부천 역곡동 고택의 주인인 박희자 선생도 자신이 그곳을 지켜 내서 부천의 청소년들에게 부천의 전통 유산을 남겨 주겠다는 분명한 자각을 하고 계신 것으로 보였지요.

한편 현재 '은평 뉴 타운'으로 개발이 완료된 서울 은평구와 고양시 덕양구의 경계 지역에는 한양주택이라는 단독주택 단지가 자리했습니다. 박정희 전 대통령이 '북한 측 인사의 한국 방문에 대비해 통일로를 정비하라'고 지시한 뒤, 그 공사 과정에서 발생한 철거민들을 집단으로 이주시킨 마을입니다. 이곳 주민들은 마을을 꾸미는 데 열심이어서 1996년에는 서울시에서 '아름다운 마을'로 선정하기도 했습니다.

그러나 이명박 서울시장(재임 기간 2002~2006) 때 은평 뉴 타운 사업이 추진되면서, 이 마을도 수용되는 것으로 결정되었습니다. 한양주택 사람들은 자신들의 마을을 지키기로 결심하고 2006년 1월에 '근대 문화유산 등록' 신청서를 문화재청에 제출했지요. 자신들의 행동이 '알 박기'로 매도되는 것을 막기 위한 행동이었습니다. 그 당시의 보도에서는 "2001년 근대 문화유산 등록 문화재 지정 제도가 도입된 뒤 주민 스스로 신청서를 낸 것은 이번이 처음"이라고 전했지요(《한겨레21》 2006년 2월 8일 자 「"한양주택, 제발 그대로 놔둬라"」). 하지만 주민들의 이러한 노력에도 불구하고 결국 한양주택은 철거되었습니다.

2021년, 역곡동 고택은 한국내셔널트러스트 시민 공모전 '이곳만은 꼭 지키자!'의 최종 수상작으로 선정되었습니다. 시민을 위해 지켜야 할 건물이라는 의미입니다. 현재 부천시의 뜻있는 시민들은 소설 『원미동 사람들』이 워낙 히트한 바람에 부천의 이미지가 서울의 베드타운 정도로

도판 7   부천 역곡 지구 공공 개발에 반대하고 안동네마을과 역곡동 고택의 보존을 주장하는
                플래카드 (2022년 2월)

도판 8   경기 양주시 광사동의 '죽산 안씨 연창위 종가'. 녹지지역으로 지정되어 택지 개발의
                바람 속에서도 살아남았다.

굳어진 것을 아쉬워하고 계신다고 알고 있습니다. 그렇다면 부천의 역사
성을 전하는 건물과 그 주변의 길 정도는 남길 수도 있지 않을까요? 건물
뒤편의 산 위에까지 빼곡하게 아파트를 지을 것이 아니라면 말입니다.

구한말 부천과 고양에 지어진 두 채의 한옥은, 지난 100여 년간 경기도가 얼마나 급격한 도시화와 인구 증가를 겪었는지 증언합니다. 그리고 이러한 급변을 이겨 내고 오늘날 우리에게 전해진 옛 시대의 흔적은 무엇 하나 우연히 남겨진 것이 없음을 알려 줍니다. 이들 흔적 하나하나는 모두 박희자 선생이나 이경상 선생처럼 강한 의지를 지닌 시민들에 의해 겨우 살아남은 것입니다.

08

영남대로

: 사라져 가는 길을 발로 잇다

서울에서 부산까지 걷는 길

이 장에서는 서울 남부의 교통 요충지인 수도권 전철 3호선·신분당선 양재역 부근에서 출발해, 동남쪽으로 경부고속도로·수도권제1순환고속도로 판교 분기점 인근의 경기도 성남시 수정구 금토동까지 이어진 길을 답사합니다. 이 길은 전근대 시기에 '영남대로'(嶺南大路)라 불리던 간선도로였습니다. 서울의 사대문 안에서 시작된 영남대로는 오늘날 서초구 양재동 부근에 있던 말죽거리를 지나 경기도, 충청북도, 경상북도, 경상남도를 거쳐 부산에 다다랐습니다. 영남대로는 전근대 시기에 수많은 사람이 걸어 다니던 길이었고, 당연히 잘 알려진 길이었지요. 하지만 근대에 철도가, 그리고 현대에 고속도로가 도입되면서 영남대로는 잊히고 원형을 잃어 갔습니다.

이러한 영남대로의 존재를 한국 사회에 다시 알린 사람이 일본인 도도로키 히로시 선생입니다. 그는 한국의 대학원에 진학해서 지리학을 공부하던 1999년, 도보와 대중교통으로 영남대로를 완주했습니다. 도도로키 선생의 책 『일본인의 영남대로 답사기』(한울, 2000)에는 20여 년 전의 영남대로 모습이 글과 사진으로 생생히 실렸는데, 현재는 그 모습의 상당수가 사라졌습니다. 또한 그가 당시까지 영남대로를 기억하는 한국 시민들을 만나 수록한 증언은, 20여 년이 지난 오늘날에는 다시 수집될 수 없는 귀중한 문화유산입니다.

여기서 제가 영남대로 가운데 '양재-금토 구간'을 살피는 까닭은 바로 그 길이 '현대 한국이 도시화하는 과정에서 옛 도로가 어떤 방식으로 사라지는지, 또 그럼에도 불구하고 어떤 방식으로 희미하게 그 모습을 남기는지'를 잘 보여 주기 때문입니다. 서울 강남구 도곡동과 서초구 양재동에는 1960~1970년대 영동 개발 과정에서도 살아남은 영남대로가 뚜렷이 그 모습을 간직하고 있습니다. 한편 양재동의 남쪽으로 이어지는 서울 서초구 신원동과 원지동, 경기도 성남시 수정구 상적동과 금토동에서는 그간 개발제한구역, 즉 그린벨트로 묶여 비교적 원형을 유지하던 영남대로 주변 지역이 최근 들어 택지 개발로 분주합니다. 반세기 전에 서울 강남에서 보이던 모습이, 이 일대에서 재현되고 있는 것입니다.

그동안 이 일대에는 영남대로와 주변의 경관이 비교적 옛 모습대로 잘 남아 있었습니다. 택지 개발이 이뤄진 뒤에도 그 옛 모습이 다소나마 유지될지, 아니면 서울 강남처럼 길의 형태만 남기고 사라질지가 곧 판가름 날 터입니다. 현재 상황으로서는 전자보다는 후자가 될 가능성이 커 보입니다.

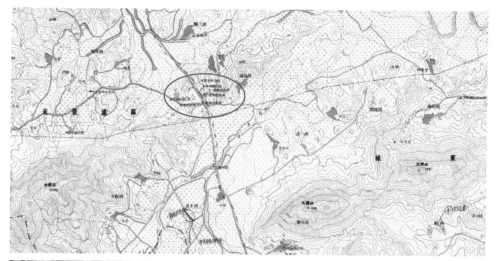

도판 1   1963년 지도에 나타난 영남대로 양재-금토 구간. 원으로 표시된 곳이 위성사진 속
         지역이다.

도판 2   수도권 전철 3호선·신분당선 양재역 부근의 영남대로 위성사진. 노란색으로 표시된
         골목길이 영남대로의 흔적이다.

영남대로의 양재-금토 구간을 잘 보여 주는 두 장의 지도가 있습니다.
한 장은 1918년에 제작된 지도이고, 또 한 장은 이로부터 반세기 뒤에 만
들어진 1963년 지도입니다. 조선 시대와 식민지 시기 한양·경성과 주변

지역의 확장이 '동북-서남 축'을 중심으로 이뤄졌기 때문에, 한양·경성에서 동남쪽으로 이어지는 영남대로 일대의 경관은 이 두 장의 지도에서 큰 변화를 보이지 않지요. 그 뒤 경부고속도로가 건설되고 영동 개발이 이뤄지면서 이 지역의 경관은 근본적으로 바뀌었지만, 두 장의 지도와 오늘날의 위성사진을 나란히 놓고 보면 지금도 충분히 영남대로를 답사할 수 있습니다.

영남대로의 마지막 흔적

현대 강남을 상징하는 대표적인 장소를 몇 가지 꼽자면 수도권 전철 2호선·신분당선 강남역 주변의 옛 '뉴욕제과'(현재 오퍼스407빌딩), 9호선 삼성중앙역 주변의 옛 '차관아파트 교차로'(현재 삼성중앙역 교차로), 그리고 3호선·신분당선 양재역 주변의 '뱅뱅 사거리'를 들 수 있겠습니다. 그 가운데 뱅뱅 사거리의 동쪽에서부터 동남쪽으로 1km 조금 넘는 구간에 영남대로가 포장도로의 형태로 남아 있지요(도곡로4길-남부순환로359길-남부순환로356길). 현재의 위성사진에서도 옛 영남대로는 바둑판 모양으로 블록이 형성된 강남 지역에서 곡선으로 존재감을 드러냅니다. 바둑판 모양의 구획에서 어긋나는 이런 길은, 강남 개발 이전 농촌 시절의 영동 모습을 남기고 있는 것이라 이해하면 됩니다. 웃방아다리마을과 아랫방아다리마을이 있던 강남역 동쪽 지역(각각 국기원과 서울역삼초등학교 일대), 그리고 한티마을이 자리하던 대치동 구마을(서울대현초등학교 일대)에서도 이런 현상이 확인됩니다.

도판 3　　서울 강남구의 싸리고개를 넘어 서초구 양재시장으로 이어지는 옛 영남대로. 말죽
　　　　거리라는 옛 지명이 곳곳에서 눈에 띈다. (2021년 9월)

1960~1970년대 영동 개발이 워낙 광범위하게 이뤄지다 보니, 한강 상
류에서 실려 온 흙이 평평히 쌓인 범람원 지역(저지대)만 개발해도 택지
공급이 충분했습니다. 서울 강남의 대부분 지역은 상습적으로 물에 잠기
는 저지대여서 기존 마을이나 길은 언덕 위에 형성되었고, 그 때문에 언
덕 위 옛 마을과 옛길은 영동 개발에서 후순위로 밀렸습니다. 강남구 도
곡동과 서초구 양재동의 옛 영남대로 역시 매봉산 중턱에 자리한 싸리고
개를 넘어 통과하는 길이다 보니 개발에서 제외된 듯하지요.

은광여자고등학교 옆길을 따라서 싸리고개를 넘은 옛 영남대로는 양
재역 교차로 동쪽을 지나 남쪽으로 좀 더 이어집니다. 현재 양재역 교차
로에는 '말죽거리'라는 비석이 세워져 있는데, 과거의 역참인 '양재역'은

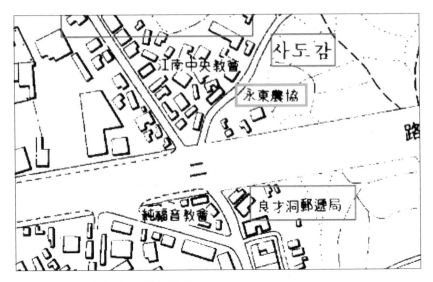

도판 4   1977년 지도에 표시된 영동농협

싸리고개 근처의 서울언주초등학교 자리에 있었으며 말죽거리 또한 그 근방에 위치했다고 추정됩니다.

옛 농촌 마을의 어귀에는 '반드시'라고 해도 좋을 정도로 지역 단위 농협 건물이 자리합니다. 1977년 지도에는 지금의 서울 강남구 도곡동 강남 베드로병원 자리에 영동농협(永同農協) 건물이 표시되어 있습니다. 이 영동농협 도곡지점은 영남대로(남부순환로356길)를 따라 약간 남쪽으로 내려온 서초구 양재동에서 여전히 성업 중입니다.

현재 영동농협 옆에는 1978년 준공된 양재시장 건물과 흥국연립이 남아 있습니다. 양재시장 건물 3층에는 말죽거리노인친목회, 서초향우회 등의 사무실이 입주해 농촌 시절의 영동 분위기를 전하지요. 한편 영동 개발 초기의 분위기를 간직한 흥국연립은 재건축을 앞두고 있습니다.

1977년 지도에는 영동 개발 이전의 영남대로와 주변 마을 모습이 상세히 나타나 있는데 거기서 '말죽거리'라는 지명은 현재 양재역 교차로

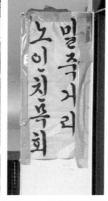

도판 5 　　서울 서초구 양재동의 흥국연립 (2019년 8월)

도판 6 　　서울 서초구 양재동 양재시장 안에 위치한 말죽거리노인친목회의 캘리그래피 (2021년 9월)

도판 7 　　서울 서초구 양재동 양재시장의 외관 (2019년 8월)

도판 8 　　서울 강남구 도곡동 독구리 경로당의 현판 (2021년 9월)

가 아닌 수도권 전철 3호선 매봉역 북쪽의 도곡동, 즉 독구리마을 자리에 적혀 있습니다. 20년 전 도도로키 히로시 선생은 이곳 마을의 독구리 경로당을 직접 찾아가서 옛 영남대로에 대한 아주 생생하고 귀중한 증언을 얻었지요.

토박이 노인들을 통해 옛날의 사정을 알 수 있었다. 이 주변에는 역이나 주막촌이 여섯 군데나 있었다고 한다. '역삼동'이란 지명도 거기에서 유래한다고 한다. 물론 이름 그대로 '말에 죽을 먹이는' 마방도 많았다. 영남대로에 대해서는 모르는 사람이 없었고, 어떤 할아버지는 매일 대로로 다니며 다리내고개 밑 성남시 옛골로 농사를 지으러 갔다고 한다. 또 큰 장을 볼 때는 시내로 나갔으며, 주로 동작진에서 배를 타고 서빙고에서 남대문시장으로 갔다고 한다.

— 도도로키 히로시, 『일본인의 영남대로 답사기』, 한울, 2000: 31쪽.

증언을 들려준 노인이 농부로 활동하던 농촌 영동 시절에는 영남대로가 서울 강남구 도곡동과 서초구 양재동·신원동·원지동, 경기도 성남시 수정구 상적동의 옛골을 잇는 간선도로로 기능했습니다. 현재 4432번 버스 노선이, 도곡동 노인이 농사지으러 다니던 길을 구현하고 있지요.

도판 9　　카카오맵에 나타난 현재 4432번 버스 노선의 경로

수도권 전철 신분당선 양재 시민의숲역과 경부고속도로 양재 나들목을 지나면 또다시 옛 영남대로가 나타나서, 고속도로와 나란히 동남쪽으로 향합니다. 예전 서초구 서초동이 서울의 남쪽 끝자락인 시절에 유명했던 '꽃마을'이라는 지명과 화훼 단지를, 지금은 이곳 서초구 신원동에서 찾아볼 수 있습니다.

도판 10　　서울 서초구 원지동의 느티나무와 미륵당
(2021년 9월)

신원동은 원지동이라는 지명과 한 쌍입니다. 영남대로의 역원(驛院)이 원래 있었다고 해서 '원지동'(院趾洞)이 되었으며, 그 역원이 새로 옮겨 왔다고 해서 '신원동'(新院洞)이라 부르게 되었다는 것입니다. 신원동과 원지동을 잇는 길가에는 마을 수호신을 모신 미륵당과 100년을 훌쩍 넘게 산 느티나무가 서 있어, 이곳이 교통의 요지였음을 실감케 합니다.

도시화의 경계에서

길을 따라 내려가면 서울과 경기도 성남시의 경계에서 새쟁이(새정이)마을과 옛골을 만나게 됩니다. 서울 서초구 신원동에 속하는 새쟁이마을에는 경기도 성남시 수정구 상적동에 속하는 옛골을 이름에 쓴 '옛골텃밭농원'이 자리해, 그곳이 두 지방자치단체의 경계 지역임을 알려 줍니다.

도판 11   서울 서초구 신원동 새쟁이마을에 걸린 플래카드 (2021년 9월)

　한편 새쟁이마을에 있던 조선 시대 인물의 묘비에는 총 열세 개의 총탄 흔적이 남아 있었다고 전해집니다. 1987년 출판된 『서울특별시 동명연혁고 XII』에 따르면, 총탄 자국은 6·25전쟁 때 이 지역에서 총살형이 집행된 흔적이라고 합니다. 하지만 새쟁이마을을 답사할 때 그 묘비는 보이지 않았습니다. 묘비가 있다고 하는 주소지 바로 옆에 사는 주민도 묘비의 존재를 모른다고 한 것으로 보아, 무덤과 비석은 다른 지역으로 옮겨졌으리라 추정됩니다.

　답사 당시 새쟁이마을에는 도로 확장에 반대하는 플래카드가 즐비했습니다. "새정이마을 주민 죽이고 고가 지선 도로 만들어라!!", "평화로운 새정이마을에 영업소가 웬 말이냐? 민간 업자 배 불리는 국토부는 해체하라!!!" 등의 구호가 넘쳐 났지요. 한국의 다른 모든 지역과 마찬가지로, 이 한적해 보이는 마을도 어김없이 갈등의 한복판에 놓여 있었습니다.

도판 12   경기 성남시 수정구 금토동의 외동정미소 (2021년 9월)
도판 13   1973년 이전의 지명인 '광주군 대왕면'이 적힌 외동정미소
          부속 기와집의 가옥 조사표 (2021년 9월)

도판 14   경기 성남시 수정구 금토동 내동마을에 마지막까지 남아 있던 집들 (2021년 9월)

도판 15   '금토동 종점' 버스 정류장에 있던 옛 슈퍼마켓 (2021년 9월)

　　서울과 성남의 경계를 이루는 옛골을 통과하면 아직 영남대로가 비포장 상태로 남아 있는 새작골과 금현동, 달이내고개를 거쳐 '초가집', '느티나무 앞' 같은 고즈넉한 이름의 버스 정류장을 지난 뒤 경기도 성남시 수정구 금토동의 외동마을과 내동마을에 다다릅니다. 이 두 마을은 그동안 그린벨트로 묶여 있다 보니 옛 성남시의 경관을 유지해 왔습니다. 외동마을의 외동정미소와 그 부속 건물, '금토동 종점'이라는 버스 정류장 바로 옆에 있던 1944년 준공된 내동마을 기와집 등은 성남시의 다른 곳에서는 찾아보기 힘든 문화유산이었지요. 정미소에 부속된 기와집 문에는 성남시가 성립하기 전의 지명인 '광주군 대왕면'이 적힌 가옥 조사표가 붙어 있어서 특히 귀중했습니다.

　　경부고속도로, 수도권제1순환고속도로, 용인서울고속도로에 삼각으로 둘러싸여 외부로부터 고립되고 '성남 금토 공공 택지 지구', '판교 창조경제 밸리' 등의 개발 사업이 동시다발적으로 진행되면서 외동·내동마을은 소멸 직전에 놓였습니다. 외동정미소와 부속 기와집은 조사를 거쳐 다른 곳으로 옮겨질 예정이라지만, 원래 위치에서 이전된 건물의 존재 의미는 크게 낮아집니다.

영동 개발 시기, 서울 서초구 양재동 등지에서는 수많은 유적이 파괴되고 도굴당했습니다. 현재 성남 수정구 금토동에서는 박정희 전 대통령의 그린벨트 정책에 의해 기적적으로 살아남았던 성남시의 옛 마을들이 사라지려 하고 있습니다. 최근 성남 분당구 대장동의 택지 개발 사업을 둘러싼 스캔들이 전국적으로 화제가 되어 떠들썩했지만, 대장동에서 멀지 않은 금토동은 그 누구의 주목도 못 받은 채 소멸당하고 있지요. 주민들의 이주가 거의 끝난 외동마을의 초입에는 경기도에서 붙여 놓은 것으로 보이는 '경기 옛길 영남길'이라는 안내 태그가 펄럭이고 있었습니다. 사라져 가는 길과 마을을 기록하는 일은 언제나 쓸쓸합니다.

도판 16 　경기 성남시 수정구 금토동 외동마을 초입에 붙어 있던 '경기 옛길 영남길' 안내 태그 (2021년 9월)

헐린 자리와 덮인 기억들

2019년 봄, 핀란드의 헬싱키대학교에서 서울에 대해 강연했습니다. 인구 약 66만 명의 헬싱키 시민들에게 인구 2,600만 명의 한국 수도권, 즉 대서울을 설명하기란 쉽지 않았습니다. 서울 송파구의 인구가 66만 명 정도이니, 송파구 규모의 도시가 고민하는 문제와 서울시·대서울이 고민하는 문제는 전혀 다르다는 사실을 절감했지요.

강연이 없는 날이면, 헬싱키대학교 문화학과에서 한국학을 가르치는 앤드루 로기 선생과 헬싱키 시내 곳곳을 찬찬히 살피며 두 도시 사이의 몇 가지 공통점을 찾을 수 있었습니다. 가장 먼저 눈에 띈 곳은 스웨덴과 러시아에서 독립한 핀란드의 시층을 엿볼 수 있는 '헬싱키 항구의 삼문화(三文化) 광장'입니다. 이곳에는 핀란드에 상당한 자치권을 부여한 러시아 황제 니콜라이 1세의 부인인 알렉산드라 표도로브나가 1833년 헬싱키를 방문한 사실을 기념하는 '황후의 돌'이라는 커다란 비석이 서 있지요.

헬싱키에서 제일 오래된 공공 기념물인 그 비석은 핀란드가 독립한 뒤에도 파괴되지 않았는데, 비석 바로 뒤에는 러시아에 앞서 핀란드를 지배한 스웨덴의 대사관이 자리합니다. 한국, 일본, 중화민국의 건물을 모두 볼 수 있는 서울 명동이나 정동을 떠올리게 하는 공간이었습니다.

도판 1   핀란드 헬싱키 항구의 '황후의 돌' 기념비 (2019년 4월)

또한 러시아인이 묻힌 '정교회 묘역'과 핀란드의 국부(國父) 칼 구스타브 에밀 만네르헤임을 비롯한 스웨덴인·핀란드인이 잠든 '히에타니에미 묘지'가 길 하나를 사이에 두고 나란히 있는 광경도, 한국인·일본인·중국인 묘지가 공존하는 인천 부평구 인천가족공원을 연상케 했습니다. 식민지 시기를 증언하는 유적은 헬싱키 곳곳에 있었고 스웨덴, 러시아, 핀란드의 세 문화는 평화롭게 공존하는 듯했지요. 사실 이는 여전히 스웨덴계 핀란드인이 사회 상층부를 차지한 한편으로 소련·러시아의 위협이 이어져 온 핀란드의 파란만장한 근현대 역사를 반영하는 것입니다.

그런가 하면 헬싱키의 '헤이몰란 탈로'라는 이름의 건물은 서울의 옛 조선총독부-중앙청-국립중앙박물관 건물과 비슷한 운명을 맞았습니다. 1910년 완공된 헤이몰란 탈로는 1911~1931년에 국회의사당으로 쓰였고,

도판 2 핀란드 헬싱키 히에타니에미 묘지 맞은편에 자리한 정교회 묘역. 석판에는 '조국의 영광을 위해 복무하고 핀란드에서 사망한 러시아 함대의 선원들 1696-1996'이라고 적혀 있다. (2019년 3월)

도판 3 인천 부평구 부평동의 인천가족공원에 이장된 일본인 묘비들 (2014년 8월)

1917년 12월 6일에는 이곳에서 핀란드 독립선언서 서명식이 열렸지요. 핀란드의 건국을 상징하는 이 건물은 1969년의 어느 날 밤에 몰래 헐렸습니다. 혹시라도 보존 운동이 일어날까 두려워해서 하룻밤 사이에 재빨리 헐어 버렸다고 하지요. 이 사건에 충격받은 핀란드 시민들은 그 뒤로 역사적으로 중요한 건물을 보존하게 되었다고 합니다.

서울의 옛 조선총독부 건물은 1926년에 완공되어 1945년까지 20년간 일본의 한반도 지배 거점으로 쓰였습니다. 경복궁 일부를 헐고 세워진 탓에 보존하기에는 위치가 너무 나빴지요.

도판 4   1969년 헤이몰란 탈로의 모습
도판 5   핀란드 헬싱키의 헤이몰란 탈로가 있던 자리 (2019년 4월)

　다만 아쉬운 것은 헬싱키의 헤이몰란 탈로와 마찬가지로 이 총독부 건물에서 1948년 5월 10일 제헌국회가 열렸으며, 1950년 9월 28일의 서울 수복 때도 이 건물에 태극기가 휘날렸다는 역사적 사실 때문입니다. 또 이 건물은 1995년 철거될 때까지 중앙청 및 국립중앙박물관으로 쓰였습니다. 식민지 시기에 쓰인 기간은 20년이지만, 현대 한국에서 사용된 기간은 두 배가 넘는 50년입니다. 1948년 5월 10일 제헌국회 선거 포스터에 그려진 대한민국 건국의 현장을 한국 시민들이 더는 실물로 볼 수 없다는 점은 큰 아쉬움을 줍니다.

도판 6 　제헌국회 선거 포스터

| 도판 출처 |

그 밖의 도판은 모두 ⓒ김시덕

단행본

강예린·윤민구·전가경 외.『아파트 글자』, 대구: 사월의눈, 2017, 1판 2쇄.

강원도.『화전 정리사』, 춘천: 강원도, 1976.

구와바라 시세이.『다시 보는 청계천 1965-1968: 구와바라 시세이 사진전』, 서울: 청계
　　천박물관, 2017.

국립해양문화재연구소.『홍어 장수 문순득 아시아를 눈에 담다: 2012년 기획 특별전』,
　　목포: 국립해양문화재연구소, 2012.

국토교통부.『한옥 현대건축과 만나다: 2020 대한민국 한옥 공모전』, 세종: 국토교통부,
　　2021.

국토교통부 국토지리정보원.『대한민국 국가 지도집 I 2019』, 수원: 국토교통부 국토지
　　리정보원, 2019.

국토교통부 국토지리정보원.『대한민국 국가 지도집 II 2020』, 수원: 국토교통부 국토지
　　리정보원, 2020.

김경민.『건축왕, 경성을 만들다: 식민지 경성을 뒤바꾼 디벨로퍼 정세권의 시대』, 고양:
　　이마, 2017.

김기찬.『잃어버린 풍경 1967-1988: 김기찬 사진집』, 서울: 눈빛, 2014, 개정판.

김성환.『고바우 김성환의 판자촌 이야기: 모두가 가난했지만 아름다웠던 그때 그 시절
　　의 청계천 풍속화』, 파주: 열림원, 2005.

내무부 지방행정국 농촌주택개량과.『민족의 대역사: 농촌주택사 1978』, 서울: 마을문고
　　본부, 1979.

노무라 모토유키.『노무라 리포트 — 청계천 변 판자촌 사람들 1973-1976: 노무라 모토유키 사진집』, 서울: 눈빛, 2013.

농어촌진흥공사.『국토 개조 반세기 증언: 농공 50년 회고록』, 의왕: 농어촌진흥공사, 1999.

대통령비서실.『새마을』, 서울: 대통령비서실, 1973.

대한주택공사.『대한주택공사 20년사』, 성남: 대한주택공사, 1979.

도도로키 히로시.『일본인의 영남대로 답사기: 옛 지도 따라 옛길 걷기』, 서울: 한울, 2000.

로버트 파우저.『서촌 홀릭: 되새길수록 좋은 서울의 한옥 마을 이야기』, 파주: 살림, 2016.

박철수.『박철수의 거주 박물지』, 서울: 집, 2017.

배재수·이기봉.『우리나라의 산림녹화 성공 요인: 가정용 연료재의 대체와 대규모 조림』, 서울: 국립산림과학원, 2006.

뿌리깊은나무.『한국의 발견: 서울』, 서울: 뿌리깊은나무, 1983.

뿌리깊은나무.『한국의 발견: 충청북도』, 서울: 뿌리깊은나무, 1983.

서울역사박물관 조사연구과.『대경성부 대관』, 서울: 서울역사박물관 조사연구과, 2015.

서울특별시사편찬위원회.『서울특별시 동명 연혁고 XII: 강남구 편』, 서울: 서울특별시, 1987.

아미노 요시히코.『고문서 반납 여행: 전후 일본 사학자의 한 컷』, 파주: 글항아리, 2018.

안승준.『조선 전기 사노비의 사회경제적 성격』, 서울: 경인문화사, 2007.

양동신.『아파트가 어때서: 문명과 사회를 바라보는 관점을 바꾸다』, 파주: 사이드웨이, 2020.

에드워드 김.『새마을운동: 민주 복지의 길』, 서울: 형문출판사, 1980.

염복규.『서울의 기원 경성의 탄생: 1910-1945 도시계획으로 본 경성의 역사』, 서울: 이데아, 2016.

예안면발전협의회.『월곡·예안 통합 40년사: 안동댐 수몰 지역 역사·문화의 재조명』, 안

동: 예안면사무소, 2015.

울산광역시·울산상공회의소.『울산 경제 50년사 II: 울산 공업 센터 지정 50주년 기념』, 울산: 울산광역시·울산상공회의소, 2012.

유동현.『골목, 살아[사라] 지다: 수문통에서 백마장까지 인천 골목이 품은 이야기』, 인천: 인천광역시 대변인실, 2013.

이경아.『경성의 주택지: 인구 폭증 시대 경성의 주택지 개발』, 서울: 집, 2019.

이동욱.『울진·삼척 무장 공비 침투 사건』, 파주: 백년동안, 2015.

이영훈.『한국 경제사』, 서울: 일조각, 2016.

이우연.『한국의 산림 소유 제도와 정책의 역사, 1600~1987』, 서울: 일조각, 2010.

이은만.『고양군 지명 유래집』, 고양: 고양문화원, 1991.

장남수.『빼앗긴 일터』, 서울: 창작과비평사, 1984.

전봉희.『전근대 서울의 주택』, 서울: 서울역사편찬원, 2017.

전봉희·권용찬.『한옥과 한국 주택의 역사: 온돌과 마루와 부엌으로 본 한국 주택의 형성과 변화』, 파주: 동녘, 2012.

정재정.『철도와 근대 서울』, 서울: 국학자료원, 2018.

정주영.『이 땅에 태어나서: 나의 살아온 이야기』, 서울: 솔, 1998.

제임스 C. 스콧.『국가처럼 보기: 왜 국가는 계획에 실패하는가』, 서울: 에코리브르, 2010.

제주창조경제혁신센터.『리노베이션 스쿨 in JEJU: 지역의 미래를 바꾸는 비즈니스를 발명하자』, 제주: 제주창조경제혁신센터, 2020.

제주특별자치도민속자연사박물관.『대한민국을 구한 제주인 — 한국전쟁 참전 용사를 중심으로: 제140회 특별전』, 제주: 제주특별자치도민속자연사박물관, 2018.

철도청.『디젤기관차 형별 배선도』, 서울: 철도청, 1972.

최영준.『국토와 민족 생활사: 한국 역사지리학 논고』, 서울: 한길사, 1997.

충청남도역사문화연구원.『근대도시 공주의 탄생: 대한제국에서 일제강점기까지 우리가 몰랐던 공주 이야기』, 서울: 메디치, 2021.

파주중앙도서관.『그리운 금촌, 보고픈 율목 2: 금촌 재개발 지역 사람들』, 파주: 파주중앙도서관, 2021.

한국토지주택공사.『평택 고덕 국제 신도시: 황금 길, 초록 구릉 마을지』, 성남: 한국토지
    주택공사, 2013.

한재준.『우리 집 주소는 봉천동 339번지: 한재준 소설』, 서울: 에세이, 2010.

황두진.『가장 도시적인 삶: 무지개떡 건축 탐사 프로젝트』, 서울: 반비, 2017.

青木栄一.『鉄道忌避伝説の謎: 汽車が来た町、来なかった町』, 東京: 吉川弘文館, 2006.

大木春三.『趣味の朝鮮の旅』, 京城: 朝鮮印刷株式会社, 1927.

京城帝国大学衛生調査部.『土幕民の生活·衛生』, 東京: 岩波書店, 1942.

瀬田勝哉.『戦争が巨木を伐った: 太平洋戦争と供木運動·木造船』, 東京: 平凡社, 2021.

HERWIG, Christopher. *Soviet Bus Stops*, London: Fuel, 2015.

학위논문

강주영.「제주 지역의 농촌주택 개량 사업 특성에 관한 연구: 1978년 제주 취락지구 개선
    사업 사례를 중심으로」, 제주: 제주대학교 산업대학원 건축공학과 석사 학위논문,
    2021. 2.

김태겸.「농촌주택 평면 구성 특성과 표준설계도 적용에 관한 연구: 예산·홍성 지역을 대
    상으로」, 홍성: 청운대학교 정보산업대학원 건축·토목환경공학과 실내건축전공 석
    사 학위논문, 2006. 2.

잡지 및 학술지 기사

김진곤.「울산 현대사를 빼닮은 용연초등학교 50년사」.《기록인》제22호, 대전: 행정안
    전부 국가기록원, 2013. 3.

노자키 미쓰히코.「조선 단맥설의 형성 재고」.《한자한문연구》제12호, 서울: 고려대학

교 한자한문연구소, 2017. 8.

박종상.「제주도 주둔 해병대 사령부 위치에 대한 연구」.《군사》제107호, 서울: 국방부
군사편찬연구소, 2018. 6.

장보웅.「농촌주택 개량 사업에서 파생되는 문제와 그 대책: 전남 지방의 전통 농촌주택
과 개량 농촌주택의 비교 연구」.《지리학》제19호, 서울: 대한지리학회, 1979. 3.

장훈교.「제주 탑동 공유수면매립 반대 운동: 유산의 재구성과 또 다른 상속의 방법」.
《탐라문화》제60호, 제주: 제주대학교 탐라문화연구원, 2019. 2.

한금순.「승려 김석윤을 통해 보는 근대 제주인의 사상적 섭렵」.《대각사상》제19집, 서
울: 대한불교조계종 대각회 대각사상연구원, 2013. 6.

언론 기사 및 광고

《강원도민일보》.「철원서 키와니스 구호 가옥 발견 체계적 보존·관리 필요성 제기」,
2020. 4. 13.

《경향신문》.「국유지에 선친 동상 주민 반대 농성 말썽」, 1987. 10. 13.

《경향신문》.「농촌 새 풍속도 [152] 주거 변혁 [11] 시범 취락 개선」, 1978. 5. 30.

《경향신문》.「농촌 새 풍속도 [155] 주거 변혁 [14] 문화주택」, 1978. 6. 5.

《경향신문》.「목숨 앗은 아파트 부실시공」, 1991. 12. 25.

《경향신문》.「서울의 하늘 밑 [3] 면목동」, 1967. 2. 6.

《경향신문》.「서해안 어민 '삶터'가 줄고 있다」, 1989. 12. 4.

《경향신문》.「엉터리 기술자」, 1978. 7. 3.

《경향신문》.「입주자 취향 반영·부실 방지 이점 주문 주택 건축 붐」, 1988. 4. 12.

《경향신문》.「전남 수재민 수마 상흔 씻고 아담한 새살림」, 1974. 11. 18.

《경향신문》.「제주 탑동 노점상 3년째 "올해만…"」, 2011. 7. 11.

《경향신문》.「주택 융자의 편중」, 1974. 6. 8.

《경향신문》.「행운의 경품권!!」, 1959. 4. 13. 게재 광고.

《고양신문》.「또아리 지붕 위로 둥그런 하늘이 열리네」, 2018. 3. 30.

《국제신문》.「신나는 문학 기행 [12] 이동순 시인과 대구·경산 나들이」, 2012. 1. 17.

《금강일보》.「나는 수몰민입니다」, 2018. 6. 13.

《금강일보》.「옛 충남방적 부지 활용 관건」, 2011. 10. 25.

《동아일보》.「건축과 통일」, 1972. 8. 21.

《동아일보》.「겨울 나그네」, 1984. 12. 10. 게재 광고.

《동아일보》.「고속 사회 마음의 여유를 갖자 [32] 속성 시대」, 1981. 8. 17.

《동아일보》.「'깃발'만 요란한 '농촌주택 개량'」, 1978. 3. 13.

《동아일보》.「날림 시비」, 1968. 10. 3.

《동아일보》.「내무부, 당초 방안 완화 농촌주택 개량 사업 희망 농가에만 추진」, 1979. 3.
    21.

《동아일보》.「벌써 벽이 터지고」, 1960. 3. 8.

《동아일보》.「서산 간척 어민 동의 강요 없었나」, 1988. 10. 15.

《동아일보》.「서산 방조제 바다 망쳤다」, 1991. 4. 15.

《동아일보》.「성냥개비 문화주택」, 1932. 1. 20.

《동아일보》.「"세간이나 꺼내자" 애원도 묵살 불법 건물 단속반 횡포」, 1981. 9. 24.

《동아일보》.「'신도시 계획 반대' 왜 나오나」, 1989. 5. 6.

《동아일보》.「온산 공해·이주 늑장 공단 주민 이중고」, 1980. 7. 7.

《동아일보》.「참화와 담싸는 내일 순천시 복구 청사진」, 1962. 9. 5.

《동아일보》.「"초가지붕만 개량하는 건 바지저고리에 중절모 쓴 격"」, 1978. 2. 2.

《동아일보》.「"현대 천수만 매립 염전 피해 13억 원"」, 1986. 10. 21.

《동양일보》.「세종시 '도담동' 명칭 본래 명칭대로 최종 확정」, 2013. 3. 31.

《매일경제신문》.「기적을 이루어 낸 마을금고」, 1982. 8. 7.

《매일경제신문》.「단독주택 희망 96%」, 1977. 7. 26.

《매일경제신문》.「돈 [76] 」, 1968. 8. 10.

《매일경제신문》.「즐거운 나의 집」, 1974. 11. 15. 게재 광고.

《서울건축사신문》.「벌응절리 한옥의 위기」, 2021. 2. 3.

《서울신문》.「6·25전쟁 도솔산 전투서 난데없는 제주어 '비밀 작전'」, 2017. 6. 25.

《세종의소리》.「'찬밥 신세' 전락한 옛 연기군 마을 표지석」, 2016. 6. 2.

《예산뉴스 무한정보》.「샹철집과 함석집」, 2018. 4. 23.

《제이누리》.「화전, 제주 근대사 연구의 시작」, 2017. 4. 24.

《제주대미디어》.「탑동 매립 반대 운동과 그 이후의 30년을 생각한다」, 2018. 11. 15.

《제주불교신문》.「독립운동 이유로 평생 무관심과 가난 속 삶」, 2016. 8. 26.

《조선일보》.「광주 화재 상보 12호 전소」, 1931. 5. 17.

《조선일보》.「'김 양식 피해 보상' 9개월째 대립」, 1985. 9. 13.

《조선일보》.「내 무덤에 침을 뱉어라! [433] 제15부 제15대 대통령 선거 [4] 육사 11기 장교단의 등장」, 1999. 5. 12.

《조선일보》.「만추 풍경 [5] 구옥의 동몽」, 1933. 10. 26.

《조선일보》.「문인이 본 서울 천국과 지옥」, 1932. 1. 3.

《조선일보》.「새는 문화주택」, 1964. 4. 10.

《조선일보》.「새 서울 지상 복덕방 [5] 신흥 주택가 이모저모 수유동 일대」, 1965. 9. 21.

《조선일보》.「색깔 있는 기와 사용 자연경관 살리도록」, 1978. 6. 21.

《조선일보》.「식중독으로 사망」, 1955. 8. 13.

《조선일보》.「"우리말 수업할 때 일인 교장 보기만 해" 옛 하숙집은 경북 제1호 보존 초가로」, 1978. 11. 25.

《조선일보》.「1931년이 오면 [4] 」, 1930. 11. 28.

《조선일보》.「자재 남기고 공사는 날림」, 1960. 3. 8.

《조선일보》.「잘 살라면 집부터 고칩시다 [3] 지금 우리들의 문화주택은 공상 돈 적게 들고 곳치는 몇 가지」, 1929. 5. 19.

《조선일보》.「조립식 복도 작업 중 10개 층 내려앉아」, 1992. 1. 28.

《조선일보》.「택지조성에 '20년 식목 지역' 훼손 나무 100만 그루 뽑힌다」, 1982. 4. 25.

《충청투데이》.「서산 AB지구 '23년 갈등' 마무리」, 2003. 4. 18.

《충청투데이》.「'조치원역 → 세종역' 개명 찬반 논란」, 2012. 8. 7.

《한겨레신문》.「'온산병'에 집단 이주 버려진 공해의 땅」, 1995. 6. 2.

《한겨레신문》. 「일산 주민 국회 앞 시위 '생존권 보장 청원서' 제출」, 1990. 2. 24.

《한겨레신문》. 「재벌에 휩쓸린 갯마을 삶터」, 1989. 12. 7.

《한겨레신문》. 「포장마차 강제 철거 비관 '억척 삶' 20대 분신자살」, 1991. 9. 4.

《한겨레21》. "한양주택, 제발 그대로 놔둬라", 2006. 2. 8.

《한국농정신문》. 「도매시장과 공판장은 같은 건가요?」, 2020. 1. 5.

《한국일보》. "한옥은 한국 문화 중 가장 완벽… 세계적으로 알려졌으면", 2016. 5. 10.

《해사신문》. 「한국 물류의 역사와 함께한 대한통운 80년」, 2010. 11. 15.

《헬로디디》. 「손정의-젠슨 황 "과거 10년 스마트폰… 미래 10년 AI"」, 2020. 10. 29.

정부 보고서

경제기획원. 「울산·온산 공단 피해 주민 이주 대책(안)」, 1985. 9. 20.

대통령비서실. 「대통령 지시 사항 확인 보고서: 화전민 대책」, 1966. 4. 28.

웹 페이지

'도지사에게 바란다'. 「제주 관광의 대안」, 2017. 4. 3. https://www.jeju.go.kr/dojisa/talk/
    wish.htm?act=view&seq=1027735

'리얼 제주 도민 이야기'. 「제주 산책로: 탑동」, 2020. 7. 7. https://586hot.tistory.com/247

북트리거 일반 도서

북트리거 청소년 도서

문헌학자의 현대 한국 답사기 1
남겨진 것과 사라져 가는 것에 대한 기억록

1판 1쇄 발행일 2023년 9월 25일

지은이 김시덕
펴낸이 권준구 | 펴낸곳 (주)지학사
본부장 황홍규 | 편집장 김지영 | 편집 양선화 서동조 김승주
책임편집 서동조 | 디자인 정은경디자인
마케팅 송성만 손정빈 윤술옥 박주현 | 제작 김현정 이진형 강석준 오지형
등록 2017년 2월 9일(제2017-000034호) | 주소 서울시 마포구 신촌로6길 5
전화 02.330.5265 | 팩스 02.3141.4488 | 이메일 booktrigger@naver.com
홈페이지 www.jihak.co.kr | 포스트 post.naver.com/booktrigger
페이스북 www.facebook.com/booktrigger | 인스타그램 @booktrigger

ISBN 979-11-93378-01-4 03900

북트리거

트리거(trigger)는 '방아쇠, 계기, 유인, 자극'을 뜻합니다.
북트리거는 나와 사물, 이웃과 세상을 바라보는 시선에 신선한 자극을 주는 책을 펴냅니다.